NA TRILHA DO PROGRESSO FINANCEIRO
ORGANIZE E POTENCIALIZE SUAS FINANÇAS

Editora Appris Ltda.
1.ª Edição - Copyright© 2024 do autor
Direitos de Edição Reservados à Editora Appris Ltda.

Nenhuma parte desta obra poderá ser utilizada indevidamente, sem estar de acordo com a Lei nº 9.610/98. Se incorreções forem encontradas, serão de exclusiva responsabilidade de seus organizadores. Foi realizado o Depósito Legal na Fundação Biblioteca Nacional, de acordo com as Leis nos 10.994, de 14/12/2004, e 12.192, de 14/01/2010.

Catalogação na Fonte
Elaborado por: Josefina A. S. Guedes
Bibliotecária CRB 9/870

S235n
2024
	Santiago, Márcio Alves
	    Na trilha do progresso financeiro: organize e potencialize suas finanças /
	Márcio Alves Santiago. – 1. ed. – Curitiba: Appris, 2024.
	    138 p. ; 21 cm.
	
	    Inclui referências.
	    ISBN 978-65-250-5461-2
	
	    1. Educação financeira. 2. Empreendedorismo. 3. Criação de empregos. I. Título.
	
	                                                                      CDD – 332.04

Livro de acordo com a normalização técnica da ABNT

Appris *editora*

Editora e Livraria Appris Ltda.
Av. Manoel Ribas, 2265 – Mercês
Curitiba/PR – CEP: 80810-002
Tel. (41) 3156 - 4731
www.editoraappris.com.br

Printed in Brazil
Impresso no Brasil

Márcio Alves Santiago

NA TRILHA DO PROGRESSO FINANCEIRO
ORGANIZE E POTENCIALIZE SUAS FINANÇAS

FICHA TÉCNICA

EDITORIAL	Augusto V. de A. Coelho
	Sara C. de Andrade Coelho
COMITÊ EDITORIAL	Marli Caetano
	Andréa Barbosa Gouveia - UFPR
	Edmeire C. Pereira - UFPR
	Iraneide da Silva - UFC
	Jacques de Lima Ferreira - UP
SUPERVISOR DA PRODUÇÃO	Renata Cristina Lopes Miccelli
ASSESSORIA EDITORIAL	Bruna Holmen
REVISÃO	Simone Ceré
PRODUÇÃO EDITORIAL	Bruna Holmen
DIAGRAMAÇÃO	Lucielli Trevizan
CAPA	Eneo Lage

SINOPSE

Quando o assunto é dinheiro, não ter o suficiente pode gerar preocupação, angústia e fadiga, esses são alguns dos sintomas que, de modo geral, costumam prejudicar quem está vivendo esse drama, que está endividado e, em casos extremos, no limite da sua sobrevivência financeira.

Com esse saldo de sintomas negativos, a desordem, a falta de iniciativa, a falta de disciplina, a dependência financeira, as dificuldades para estabelecer prioridades inviabilizam a concretização dos sonhos; com o passar dos anos, isso leva a uma aposentadoria escassa ou, na pior das hipóteses, à falta de condições de se aposentar.

Nessa situação, a pessoa pode comprometer sua saúde física e mental, mas saiba que, independentemente da situação atual, essa condição pode ser revertida. Não importa a sua idade, sua profissão ou seu patrimônio, você pode ressignificar a sua relação com o dinheiro e transformar sua vida para melhor, acredite nisso.

Na trilha do progresso financeiro oferece a você um método repleto de dicas, orientações, ferramentas e exercícios que, de uma forma direta, vão guiá-lo no rumo do ordenamento das suas finanças e viabilizar a conquista de melhorias progressivas na sua condição de vida. Você encontrará aqui os passos para fazer sobrar dinheiro na sua conta, dicas para fazer reservas, fazer investimentos que criem fontes de renda e potencializem seus ganhos, seja valorizando sua hora de trabalho ou por meio de rendas adicionais que lhe tomem o menor tempo possível, pois tempo é vida, e aproveitar a vida deve ser o principal objetivo, que se constrói no agora e se usufrui cada vez mais ao longo dessa jornada que é a vida.

Aos leitores desta obra e especialmente à Associação Beneficente Casa da União (CDU), que me deu a valiosa oportunidade de, ao longo de duas décadas de trabalho, aprimorar meus conhecimentos teóricos e práticos na área da Educação Financeira, realizando atendimentos voluntários individuais e por intermédio de palestras.

AGRADECIMENTOS

A Deus, por me dar a vida; a meus pais, Francisco e Cacilda, por me criarem da melhor forma que puderam; à minha esposa, Rosemeire, pelo nosso amor e amizade; a meus filhos, Eduardo e Arthur, por me proporcionarem a condição de aprender a ser pai; e a todas as pessoas com quem venho tendo a oportunidade de conviver e compartilhar riquezas que o dinheiro nunca poderá comprar.

Não há estrada longa quando há algo que se busca.

(Autor desconhecido)

APRESENTAÇÃO

Caro leitor, é com satisfação que o convido a conhecer esta obra que preparei com dedicação, pensando em proporcionar condições para que você tome as melhores decisões em relação às suas finanças no seu dia a dia. Serão tratados temas fundamentais relacionados à educação financeira e noções de empreendedorismo, principalmente assuntos relacionados à condição de empregabilidade e melhoria de renda. *Na trilha do progresso financeiro* tem fundamentalmente esse propósito, assim, por meio do conteúdo apresentado e dos exercícios propostos, você terá condição de construir a sua trilha de conhecimento nesse assunto, de maneira que tenha melhores condições de ordenar suas finanças, colocando-as em condições de progresso, de forma continuada, pensando não só no hoje, mas na preparação do seu amanhã, ou seja, daqui a cinco dias, um mês, um, cinco, dez, vinte, trinta, quarenta anos, e daí por diante, até quando for possível.

Você já pensou no que precisa ser feito hoje para melhorar a sua condição amanhã e em como pretende estar quando chegar em cada novo momento da sua vida? Você já parou para pensar nisso, que é você quem tem que decidir e fazer as coisas acontecerem, e, nesse caso, que até não fazer uma escolha é uma decisão? Já pensou no quanto cada escolha foi ou pode ser prejudicial ou benéfica para você em cada momento da vida? E o tanto que muitas dessas decisões podem impactar as suas contas? O quanto não ter, ter pouco, ter o suficiente, ou ter muito dinheiro pode refletir na maneira como vivemos?

Pois é. Minha proposta é lhe mostrar que, independentemente da situação de cada um, organizar as contas é fundamental para uma vida melhor possível hoje e em qualquer momento do amanhã. Precisamos começar o quanto antes a colocar nossas finanças nos trilhos do progresso, concorda?

Buscar a condição de manter as contas equilibradas ao longo da vida é ter sustentação financeira. Ou seja, é ter: o sustento no dia a dia, as contas em dia, o nome limpo, moradia digna, acesso a recursos para cuidar da saúde, ensino de qualidade, tempo e condições suficientes para o lazer, construir a condição de uma aposentadoria digna e, permeando tudo isso, ter uma estrutura de vida que nos proporcione bem-estar. Isso é fundamental, certo?

Assim, por meio do conhecimento em educação financeira e do empreendedorismo, pode-se aprender a tomar decisões de maneira mais assertiva, considerando os riscos e benefícios envolvidos, baseando-se no conhecimento sobre orçamento pessoal, controle de gastos, planejamento financeiro, noções de investimento, gestão de dívidas, aposentadoria, profissionalização e outros aspectos relacionados à administração da vida financeira. Também tem a ver com educação: em sua essência, os valores morais que formam o caráter de uma pessoa de bem devem estar em consonância com o desenvolvimento de uma relação saudável com o dinheiro.

Agora que lhe fiz a apresentação desta obra que preparei com todo o carinho para você, quero convidá-lo a mergulhar comigo neste caminho de oportunidades e desafios. Se assim desejar, estaremos juntos nesta jornada que se inicia colocando as contas em dia, fazendo sobrar dinheiro e com este fazendo reservas, as quais poderão ser investidas prioritariamente na melhoria da sua renda e assim poderá fazer um plano de ação para a realização de seus propósitos.

O objetivo principal do *Na trilha do progresso financeiro* é ensinar-lhe estratégias e técnicas específicas para prepará-lo para buscar e manter a sua estabilidade financeira. Quero fornecer-lhe *insights* valiosos sobre como administrar de forma efetiva as suas finanças pessoais.

Acredito de verdade que este livro será bem útil tanto a você que está apenas começando a se interessar por finanças, como a você, jovem estudante, que está em busca de orientação financeira e profissional, ou até mesmo a você, empreendedor, que deseja aprimorar suas habilidades em gestão financeira.

Nos tópicos abordados neste livro, entre os assuntos tratados, você vai ver como é importante transformar as crenças negativas em crenças edificantes, como equilibrar as contas, como reduzir as dívidas, como construir um orçamento eficiente para suas finanças, como investir de forma inteligente, como construir um plano de ação que vise à melhoria da sua condição financeira e à sua aposentadoria.

O conteúdo que apresento nesta obra é fruto de ideias e conceitos que refletem os resultados que venho obtendo na minha vida pessoal, familiar e profissional, em relação a importantes e assertivas iniciativas que tenho vivenciado. Não poderia deixar de destacar também a valiosa experiência prática que venho adquirindo há décadas, devido ao exercício de atividades voluntárias de beneficência, principalmente em relação ao fortalecimento de pessoas e de famílias em relação à melhoria da sua condição de vida.

Na trilha do progresso financeiro destaca e trata dos motivos pelos quais algumas pessoas estão progredindo financeiramente e outras estão vivendo uma vida com dificuldades financeiras, de dureza. Você vai entender o porquê disso e poderá perceber o que é preciso fazer para mudar o seu futuro em relação à melhoria de condição financeira, nesse sentido você conhecerá também um passo a passo, com exercícios, de como equilibrar as suas contas e aumentar a sua renda.

Portanto, prezado leitor, quero pedir a você que dedique alguns momentos de seu precioso tempo à leitura atenciosa desta obra, e que tenha um caderno ou uma pasta em seu computador para anotar as dicas, estratégias e exercícios de que trato de forma específica em cada capítulo. Descubra aqui o que você precisa fazer para melhorar a sua condição financeira, vamos juntos nesse rumo, positive seu pensamento em relação a ter dinheiro, coloque suas contas em dia, aprenda a gerar reservas, a tomar decisões financeiras inteligentes e a investir no seu aprimoramento e progresso financeiro. Então, vamos nessa! Enquanto você mergulha nas palavras, mergulha também na autodescoberta, em que seus objetivos financeiros se transformam em realizações na construção de uma vida próspera.

SUMÁRIO

1 **INTRODUÇÃO** 17

2 **A BUSCA DA SUSTENTAÇÃO FINANCEIRA** 21

2.1 A IMPORTÂNCIA DE TER SUSTENTAÇÃO FINANCEIRA 21

2.2 O QUE É PRECISO PARA BUSCAR A SUSTENTAÇÃO FINANCEIRA 23

2.3 OS BENEFÍCIOS QUE A SUSTENTAÇÃO FINANCEIRA TRAZ 25

3 **O PODER DA MENTALIDADE POSITIVA** 29

3.1 POR QUE É FUNDAMENTAL PENSAR POSITIVO 29

3.2 COMO ESTÁ O SEU PENSAMENTO EM RELAÇÃO AO DINHEIRO 34

3.3 TRANSFORMAR CRENÇAS QUE NOS LIMITAM EM CRENÇAS EDIFICANTES 35

4 **A IMPORTÂNCIA DE FAZER UM MAPA GERAL DO SEU DINHEIRO** 39

4.1 PASSO 1 - TENHA UMA ROTINA DE REGISTRO DE GANHOS E GASTOS 39

4.2 PASSO 2 - EXAMINE A SUA CONDIÇÃO FINANCEIRA ATUAL 45

5 **SE A GRANA FALTA, O QUE PODE SER FEITO?** 49

5.1 PASSO 1 – ADOTE MEDIDAS EMERGENCIAIS 50

5.2 PASSO 2 – ELIMINE GASTOS 54

5.3 PASSO 3 – CRIE UM ORÇAMENTO E UMA PROGRAMAÇÃO ANUAL 55

5.4 EXEMPLIFICAÇÕES 58

5.5 EXERCÍCIO PROPOSTO 71

5.6 LIÇÕES IMPORTANTES 71

6 UM PLANO DE AÇÃO PARA O SEU PROGRESSO 73

6.1 DEFINA PROPÓSITOS, OBJETIVOS E METAS 74

6.2 EXEMPLIFICAÇÕES 82

6.3 EXERCÍCIOS PROPOSTOS 87

7 POTENCIALIZE SUA RENDA 89

7.1 CRIE RESERVAS E AS FAÇA CRESCER 89

7.2 CRIE FONTES DIVERSAS DE RENDA 101

8 CRIE CONDIÇÕES FAVORÁVEIS À MELHORIA DAS SUAS FINANÇAS 105

8.1 CONHEÇA SUAS HABILIDADES E VOCAÇÕES 106

8.2 QUE TIPO DE INTELIGÊNCIA PREDOMINA EM VOCÊ 108

8.3 UMA ESCOLHA MUITO IMPORTANTE: A SUA PROFISSÃO 115

8.4 POTENCIALIZE SUA HORA DE TRABALHO 119

9 OPORTUNIDADES GRATUITAS DE PROGRESSÃO PROFISSIONAL 123

10 MANTENHA O FOCO NA MELHORIA PROGRESSIVA DE VIDA 127

REFERÊNCIAS 129

ANEXOS 131

INTRODUÇÃO

Você naturalmente já deve ter percebido como é importante conhecer e saber aplicar os fundamentos da educação financeira no dia a dia, tendo em vista os benefícios que essa prática pode trazer na vida de qualquer pessoa que se vê na necessidade de organizar a sua vida financeira, seja registrando de forma adequada suas finanças, determinando prioridades, equilibrando suas contas, estabelecendo objetivos e metas ou buscando ampliar seus ganhos para, enfim, poder realizar os seus sonhos, dos pequenos aos maiores.

Se você já está nessa pegada em relação a sua vida financeira, meus parabéns, você faz parte de uma minoria, pois a realidade da grande maioria infelizmente ainda não é essa. Posso afirmar isso com base em estudos realizados por instituições como o Instituto de Pesquisa Econômica Aplicada (Ipea), a Fundação Getulio Vargas (FGV), a Confederação Nacional do Comércio (CNC) e outras instituições renomadas. Só para se ter uma noção dessa situação, conforme dados recentes divulgados em 2023 pela CNC, 78% das famílias brasileiras estão endividadas e, desse total, 18% estão superendividadas. Perceba que, além da expressa gravidade que esses números indicam, o que também preocupa é que o endividamento das famílias vem em rota de crescimento ao longo das últimas décadas. O impacto dessa situação eu percebo, em menor escala, nos atendimentos individuais e palestras que tenho realizado.

Quero destacar aqui também que o interesse em me dedicar a este assunto nasceu da minha história de vida, pois venho de uma família do interior do estado do Rio de Janeiro, mais precisamente da cidade de Itaperuna, que se sustentou originalmente da agricultura de subsistência. Dentro desse contexto, meu pai, que ajudava meu avó nas rotinha de trabalhos da roça, resolveu deixar o campo e ir em busca de novas oportunidades de trabalho e renda na capital do Rio de Janeiro, isso no fim da década de 1950. Foi com muita fé, luta e perseverança que ele se estabeleceu naquela capital e, graças à renda originada dos trabalhos que exerceu nesse período inicial de sua vida adulta (operário de obra, balconista de farmácia, auxiliar de enfermagem), casou-se com minha mãe e, além de sustentar uma família, mandava uma parte do seu salário para ajudar os meus avós e pagava um curso profissionalizante de conserto de rádio e televisão. Não sei como ele dava conta, pois o que ele recebia não chegava a dois salários da época. Foram muitas as dificuldades que ele enfrentou, pessoa simples, com pouco estudo, mas, não tenho dúvida, de coragem e inteligência memorável, que me transmitiu, pelos seus exemplos e orientações, simples e valiosos ensinamentos.

Ele só tinha estudado até a 5.ª série do primeiro grau, mas isso não o impediu de realizar um importante propósito que ali estava se apresentando. Conheceu uma pessoa no curso que estava fazendo e, pela afinidade e confiança que se estabeleceu, convidou-a para montar um negócio em sociedade, ali estava nascendo a Eletrônica Pavunense, que funcionou por aproximadamente 25 anos no centro do bairro de Pavuna. Nesse período, ele e minha mãe construíram um patrimônio suficiente para vivermos bem e termos uma condição melhor de estudo. Este tenho a certeza de que foi o melhor investimento que eles fizeram, dar a mim e minhas duas irmãs uma criação digna, uma vida repleta de bons momentos e uma condição que possibilitou acesso a escolas especializadas, faculdades, e, no meu caso, a aprovação em diversas escolas de formação técnica e militar e posteriormente em concursos com possibilidade de acesso a carreiras estratégicas de governo na área de Contabilidade e Finanças e Controle.

Estou compartilhando esse trecho da minha história, pois acredito que pode ter algo a ver com a sua história também, pois somos todos muito parecidos em diversos aspectos. Nesse sentido, quero aproveitar para lhe dizer que em *Na trilha do progresso financeiro*, que fiz com muita dedicação, você vai encontrar um conteúdo que pode transformar a sua vida para melhor, acredite nisso! Pois está conectado em sua essência com o que me fez chegar na condição de hoje, é a trilha que me trouxe até aqui, que me deu uma condição de progresso, um jovem que saiu de um bairro do subúrbio do Rio de Janeiro, numa condição precária, com poucas chances de progresso.

Então, convido-o a esta jornada de leitura, acredito que logo no início você vai sentir a importância de colocar em prática este conteúdo, que se resume a fazer sobrar dinheiro, independentemente da sua condição de vida. Isso no início pode lhe trazer um grande esforço, mas a recompensa vale com certeza a pena, pois fará a sua renda crescer, à medida que você também invista no seu aprimoramento e qualificação, e, com isso, a sua condição financeira melhorará. Assim, a roda do seu progresso estará cada vez mais em movimento.

Venha nessa comigo!

A BUSCA DA SUSTENTAÇÃO FINANCEIRA

2.1 A IMPORTÂNCIA DE TER SUSTENTAÇÃO FINANCEIRA

Você já pensou na importância de estarmos agindo a cada dia na construção da nossa sustentação financeira? Nesse sentido, precisamos ter um plano de ação, uma estratégia que coloque de forma gradual e progressiva as nossas finanças em crescimento. Pensando no presente, mas de olho também em como queremos que a nossa vida esteja no futuro, de forma que tenhamos a condição de colher bons frutos ao longo do tempo.

Segundo significados contidos no *Dicionário Michaelis* (2009), sustentação é o ato ou efeito de sustentar-se ou manutenção do que há de necessário para conservação da vida. Veja que interessante esses significados, você percebe que a condição necessária para estar bem financeiramente vai muito além de apenas ter muito dinheiro?

Agora, tratando especificamente do significado "manutenção do que há de necessário para conservação da vida", percebe que isso vai muito além da condição de ter uma vida financeira farta, percebe que é preciso algo mais para inteirar e fazer sentido dentro de um propósito próspero de vida?

Mas o que pode ser o viver bem? Será que é ser milionário, e pronto? Ter uma mansão, cinco carros de luxo na garagem, poder viajar para os melhores lugares, se hospedar nos hotéis mais luxuosos e ter a conta bancária recheada de grana? Será que isso, por si só, traz esse sentido? Será que precisa ter isso tudo, ou, tendo, é o suficiente para viver bem?

Eu tenho a certeza de que não, uma evidência disso está em diversos casos noticiados com alguma frequência na imprensa e nas redes sociais de pessoas famosas que eram consideradas milionárias, como jogadores de futebol, cantores, artistas e diversos "sortudos" que ganharam valores consideráveis por meio de prêmios, alguns chegaram a ganhar sozinhos na Mega-Sena, e perderam tudo algum tempo depois. Nesse sentido, estudos apontam que aproximadamente 1/3 das pessoas que ganham dinheiro com apostas acabam perdendo tudo em pouco tempo e ficam na lamúria, abstraem tudo que conquistaram até aquele momento e, por situações fúteis, perdem até a família.

Veja a reportagem "Do luxo ao lixo: conheça ganhadores da loteria que perderam tudo" (2010, s/p), da qual destaco a seguir um dos casos citados. Segundo os autores:

> O maior prêmio já concedido na história pela loteria americana foi de US$ 315 milhões. O ganhador foi Jack Whitaker, em 2002. Jack já tinha uma boa estabilidade financeira trabalhando no ramo da construção civil, mas sua vida deu uma virada ao ganhar o prêmio - para pior.
>
> Jack foi preso por dirigir embriagado e ameaçar o dono de um bar, e começou a perder dinheiro. Gastou mais de US$ 100 mil em um clube de strip-tease, teve US$ 745 mil roubados de seu carro e respondeu por diversos processos por dívidas em jogos de azar. Em um deles Whittaker foi processado ao passar cheques sem fundo para um cassino, no valor de US$ 1,5 milhão, para encobrir suas perdas no jogo.
>
> Sua mulher pediu o divórcio, sua neta e o namorado morreram de overdose, em parte financiada com a mesada de US$ 2,1 mil que ele dava e ela. Sua filha também morreu por causas desconhecidas. Hoje Whittaker está sem dinheiro e sem família. Mas ele também

> praticou o bem, doando milhões de dólares para associações cristãs de caridade e para a Jack Whitaker Foundation, uma ONG que ajuda necessitados de West Virginia, estado onde mora.

Imaginem a gravidade dessa situação! Isso é um exemplo de que ter dinheiro não é suficiente para ter uma vida próspera, pois a prosperidade vem do verbo "prosperar", que vai bem além disso, significa ter progresso, evolução e melhoria, para si e para as pessoas que estão ao redor.

Nesse sentido da prosperidade está o bem viver, aproveitar a vida, ter dinheiro, mas também pensar e agir buscando uma visão mais ampla, integral, que abarca a condição moral, o bem-estar físico e espiritual. Esse é o sentido de ter dinheiro que quero abordar aqui, e nesse contexto está a busca da condição financeira ao longo de todos os momentos e fases da vida.

2.2 O QUE É PRECISO PARA BUSCAR A SUSTENTAÇÃO FINANCEIRA

Se buscarmos ter uma visão real da necessidade de dinheiro e agirmos em busca das melhores condições possíveis para se manter o equilíbrio das finanças durante a jornada da vida, do início da vida produtiva até no momento em que estivermos aposentados, de forma que se tenha uma condição desejável de vida, isso cabe bem no sentido de caminhar em busca de ter sustentação financeira. Contudo, é essencial entender que uma vida financeira equilibrada exige, entre outros requisitos: esforço, aprimoramento, coragem, organização, planejamento e disciplina, fundamentos básicos da educação financeira.

Nesse sentido, é fundamental também destacar que os resultados da prática da educação financeira estão diretamente ligados a princípios de empreendedorismo que se constituem essencialmente em adquirir conhecimentos, habilidades e atitudes necessárias à tomada de decisões financeiras responsáveis e que viabilizem o progresso das finanças. Envolvem o entendimento básico da gestão do dinheiro, como registrar a movimentação das finanças, criar um orçamento, buscar o equilíbrio entre os ganhos e os gastos, estabelecer e buscar alcançar objetivos, poupar e fazer reservas, desenvolver-se pessoal e profissionalmente, ter pelo menos noções básicas de como investir; com isso, você terá condições de colocar suas finanças numa condição de melhoria continuada. Se você se ligar com a fé ao seu superior, força e com vontade nesse propósito, essa porta se abrirá na sua vida, confie e mãos à obra! Então siga essa regra básica da educação financeira.

Também não quer dizer que, se a pessoa for ótima no uso das técnicas e ferramentas disponíveis no conhecimento de finanças, ela vai garantir que sua condição financeira seja adequada para o seu sustento, mas é bem possível que ela tenha muito mais condições de atravessar prováveis e improváveis momentos de dificuldades e desafios que, de um modo geral, se apresentam na vida com mais recursos e tranquilidade.

Ao praticarem a educação financeira, as pessoas aprendem a tomar decisões financeiras de maneira mais consistente, considerando os riscos e benefícios envolvidos, baseando-se no conhecimento sobre orçamento pessoal, controle de gastos, planejamento financeiro, noções de investimento, gestão de dívidas, aposentadoria e outros aspectos relacionados às finanças pessoais.

Mas também é primordial destacar os valores morais que formam o caráter de uma pessoa de bem, que devem estar em consonância com o desenvolvimento de uma relação saudável com o dinheiro.

Assim, a boa prática deste conhecimento possibilita, de forma mais assertiva e tranquila, prever e realizar metas financeiras como: constituir reservas para realização de objetivos, aprimorar-se profissionalmente visando a melhoria de renda, pagar a formação escolar dos filhos, pagar um plano de saúde para a família, comprar uma casa, ter momentos de lazer, se preparar para a aposentadoria etc. Dessa forma faz sentido a frase "Ordem e progresso", ou seja, veja que uma palavra está conduzindo a outra, significando dizer, neste caso, pela ordem se chega ao progresso.

2.3 OS BENEFÍCIOS QUE A SUSTENTAÇÃO FINANCEIRA TRAZ

No dia a dia é notória a importância de colocarmos em prática a educação financeira, quer ver por quê? Primeiro porque assim podemos nos livrar com mais clareza de armadilhas financeiras, como o endividamento excessivo, o desperdício e o prejuízo de um negócio malfeito, isso já evita algumas situações que são as principais causadoras de desequilíbrio nas finanças. Exemplo: a compra de um carro feita de forma precipitada pode gerar problemas como prestações que extrapolam o orçamento, problemas de manutenção inesperados, consumo alto de combustível, custos assessórios não calculados adequadamente na hora da compra (impostos e seguro), entre outros. Segundo, em função de esse conhecimento mostrar de forma explícita a necessidade de gastar menos do que ganha, e assim ter a prática de constituir reservas, e com essas reservas poder suprir necessidades que não estavam previstas no orçamento, ou que só ocorrem em determinados períodos, ou ainda, a melhor das possibilidades, juntar dinheiro para realizar os tão desejados sonhos.

Dessa forma, o conhecimento em educação financeira pode trazer a condição de, ao longo da vida, a pessoa vir adquirindo sustentação financeira que lhe dê uma condição futura perene, o que pode trazer facilidades em termos de recursos no dia a dia e uma condição de cuidar melhor da vida. Nesse sentido, é fundamental buscar ter renda e trabalhar para ampliá-la, gastar menos do que ganha, fazendo sobrar dinheiro para fazer reservas, buscar formas de fazer esse dinheiro crescer e investir nos seus objetivos, prioritariamente naqueles que vão sustentar seu progresso, assim fica mais fácil de realizar os seus sonhos. A imagem a seguir expressa isso de forma conectada.

Imagem 1 – Etapas rumo ao progresso financeiro

Fonte: o autor

Eu considero essa uma regra de ouro da educação financeira, pois resume de forma simples a essência do que devemos fazer na prática para administrar bem nossas finanças. Apesar de ser simples essa regra, não se pode dizer com isso que é fácil praticá-la. Agora, se você der conta disso, as suas chances de progredir e prosperar se ampliam significativamente. Assim, com dinheiro sobrando, você pode investi-lo na melhoria da sua condição de vida, se planejar e agir em busca de suprir as necessidades que surgirão a cada passo ao longo da vida, desde o básico (alimentação, habitação e outras despesas necessárias do dia a dia) até capacitar-se profissionalmente visando a aquisição e melhoria de renda, ter educação de qualidade, plano de saúde, moradia digna, poder viajar de férias, ter fontes de renda suficientes para se aposentar, ter tempo e recursos para momentos de lazer, entre outros.

O PODER DA MENTALIDADE POSITIVA

3.1 POR QUE É FUNDAMENTAL PENSAR POSITIVO

O pensamento positivo tem o incrível poder de, quando colocado em prática, transformar a nossa vida para melhor. Fazendo uma analogia entre três pessoas que pensam a solução de um mesmo problema, a que pensou de forma pessimista representa um dos extremos, no outro, estará a que pensou de forma otimista e entre os dois extremos a que pensou de forma positiva para resolver o mesmo problema. O modelo mental de resolução do problema de quem pensou de forma positiva se caracteriza por buscar a solução, tendo como base o estudo das possibilidades possíveis, examinando o que é viável para aquela tomada de decisão, buscando agir com equilíbrio e bom senso. Agindo assim, é possível que se tenha a melhor solução para o momento, diante das circunstâncias apresentadas, por isso é fundamental pensarmos de forma positiva, treinando a mente para focar no lado positivo das coisas.

Nesse sentido, o pensamento positivo proporciona uma mentalidade de aprendizado, crescimento e resiliência. Em vez de se prender a pensamentos negativos ou autodestrutivos, você é capaz de encontrar soluções, aprender com seus erros e se adaptar às situações desafiadoras. Você se torna mais confiante em suas habilidades e mais capaz de lidar e atravessar os obstáculos que estão sujeitos a aparecer ao longo do percurso.

Dentro desse assunto, quero agora dar aqui mais alguns detalhes de um trecho que considero fundamental da minha vida, relacionado com a importância de ter pensamento positivo. O que vou contar a seguir foi um divisor de águas na minha história, porque fez uma correção do meu rumo, dando-me uma nova perspectiva, me fez ver no horizonte um propósito promissor para a minha vida, que antes disso eu não tinha nem noção.

Conforme iniciei relatando, eu morava no subúrbio do Rio de Janeiro, em um bairro chamado Pavuna, divisa com a Baixada Fluminense, estudei até a 6.ª série do primeiro grau num colégio público no Rio de Janeiro chamado Escola Municipal Arnaldo Varella. Até então, minhas notas no geral eram de medianas para baixo, não tinha interesse nos estudos, percebo que muito em função da baixa autoestima, em função de um processo de alfabetização precário e da timidez que era além do normal em mim até aquele momento.

Quando eu não estava na escola, estava na rua com colegas da época, envolvido em alguma brincadeira ou fazendo alguma outra coisa, já tinha repetido a 4.ª série e meu pai volta e meia me chamava a atenção e me repreendia por isso, até que um dia ele me chamou e me deu uma bronca inesquecível, eu percebi que a coisa estava muito séria.

Meu pai, percebendo que aquela situação tinha grandes chances de não dar em coisa boa, me deu uma dura que até hoje eu me lembro. Falou assim:

– De agora em diante ou você vai estudar ou vai trabalhar, não tem outra escolha.

O recado foi claro e enérgico, ele estava muito nervoso com a situação, eu percebi que diante do tamanho do esforço que ele e minha mãe estavam fazendo, procurando fazer o possível e por vezes o inacreditavelmente quase impossível para criar os filhos, não era justo que eu desse tamanho desgosto a eles. Nesse momento, eu não vi outra saída além daquelas duas que ele, meu pai, me apresentou e optei por me dedicar aos estudos, estava nascendo ali um propósito na minha vida que eu ainda não tinha a clareza e dimensão de onde poderia chegar.

Buscando me encaminhar dentro da orientação que ele me deu, meu pai me apresentou alguns de seus colegas e conhecidos que trabalhavam em diversas áreas, a maioria militares, eles me diziam como fizeram para conseguir aquele trabalho, e como foi difícil, sacrificante, mas recompensador. Assim, me diziam também o que eles faziam no trabalho e quanto recebiam.

Esse movimento me despertou o interesse pela possibilidade de ingressar numa escola militar, então meu pai não pensou duas vezes, mesmo tendo uma condição financeira não muito constante, já que tinha uma oficina de conserto de rádio e televisão e dependia exclusivamente da renda oriunda da procura de seus clientes, ele me matriculou no colégio Martins, no Bairro de Madureira, um dos melhores colégios preparatórios para escolas militares, isso foi no início da década de 1980.

Assim começou minha segunda jornada de vida, a baixa autoestima e a timidez foram sendo substituídas pelo meu empenho e dedicação nesse novo e valoroso momento da minha vida, eu parecia outra pessoa, senti que eu estava mudando, foi incrível, meu pai e minha mãe acho que nem sabem ao certo o quanto essa atitude foi importante na minha vida.

Não foi fácil fazer a 7.ª e 8.ª série e conseguir ser aprovado num colégio tão exigente, com conteúdo extenso e complexo para mim, com uma imensidão de coisas que eu nunca tinha sequer ouvido falar. Se eu fosse resumir isso que aconteceu comigo em três palavras, sem dúvida seria: determinação, disciplina e superação. Era uma coisa extraordinária que estava acontecendo, eu ganhei confiança e recuperei minha autoestima, passei a acreditar que seria capaz de chegar aonde queria e passar nas matérias da escola.

Ao final da 8.ª série, eu prestei alguns concursos para escolas militares e técnicas. Fui aprovado em três escolas técnicas federais, entre elas o Colégio Mauá, Colégio Dom

Pedro II e a Escola Nacional de Ciências Estatísticas – ENCE/IBGE, onde eu resolvi ingressar. Depois de dois anos passei para a Escola de Sargentos Especialistas da Aeronáutica – EEAR, um concurso muito concorrido naquela época, foram mais de 20 mil candidatos, um momento áureo da minha jornada de aprendizado, uma experiência inesquecível, tive a oportunidade de fazer algumas amizades importantes e aprender coisas fundamentais para minha caminhada.

Fiz minha formação na turma Verde 85 da EEAR, em técnico de meteorologia. Imagina só o quanto a vida foi boa para mim e continua sendo, um jovem adulto de 20 anos, sargento da Aeronáutica, aonde nunca havia imaginado chegar, diante da minha condição de vida passada, criado em um bairro pobre da periferia do Rio de Janeiro, que seis anos antes não queria nada com a vida, com baixa autoestima e uma timidez quase paralisante.

Mas não parou por aí, ao me formar, tive que vir para Brasília. Os anos iniciais aqui foram muito sofridos para mim, não estava me adaptando, tinha muita saudade da família. Mas aos poucos fui conhecendo mais pessoas e conhecendo ainda mais a cidade, e comecei a perceber o tanto de oportunidades eu poderia ter aqui.

Eu trabalhei sete anos no VI Comando da Aeronáutica – COMAR. Logo ao chegar em Brasília, num determinado dia fiquei sabendo do trabalho que os auditores do Tribunal de Contas – TCU estavam realizando numa unidade do COMAR, e tive a curiosidade de entender do que se tratava e qual era o tipo de trabalho que estava sendo realizado. Isso me chamou muito a atenção e me despertou o interesse em saber como eu poderia ingressar como servidor do TCU. Esse episódio foi determinante para eu definir o curso que queria na graduação, e não tive dúvidas que o curso seria Ciências Contábeis, que tinha na grade de composição quase todas as matérias que caíam no concurso do TCU. Mas não ia ser tão fácil assim, pois eu ainda não tinha concluído o segundo grau.

O primeiro passo então era esse, já que tive que interromper na metade em função do ingresso na escola de sargento, a solução imediata foi fazer uma prova no Centro de Educação de Jovens e Adultos da Asa Sul no Distrito Federal para adquirir o diploma. Impressionante como mais uma vez tudo deu certo, pois menos de um ano após eu chegar a Brasília, em 1988, eu já estava com o diploma do 2.º grau e já estava matriculado na faculdade, assim começava uma nova jornada de estudo em busca de ingressar numa nova carreira do serviço público.

Eu me formei em Ciências Contábeis em 1992, no ano seguinte, próximo a ser promovido a Primeiro Sargento, tomei uma decisão difícil, pedi para sair da aeronáutica, fui para a reserva não remunerada, algumas pessoas próximas a mim pensaram que eu estava tomando a decisão errada, precipitada, que era uma doideira o que eu estava fazendo, para contextualizar: meus colegas de turma se aposentaram a maioria com menos de cinquenta anos, alguns chegaram a se aposentar como major e até coronel.

Mas eu tive motivos para acreditar que a minha decisão era certeira e ia me trazer o resultado que eu esperava. Eu estava estudando pelo menos cinco horas por dia, mas ainda não estava sendo suficiente, a partir desse momento resolvi ter uma vida de estudante, reduzi drasticamente minhas despesas, vendi meu carro, não tinha mais telefone, com a indenização que recebi, comprei uma pequena quitinete com o propósito de não ter despesas com aluguel. Minha vida se resumiu a pequenas despesas com alimentação, condomínio, conta de energia elétrica e transporte público, o básico. Consegui um emprego temporário como professor da Fundação Educacional do DF e, é claro, como não quero deixar de destacar aqui, tive a felicidade de conhecer minha esposa há 29 anos, e começar a construir minha família, com o nascimento de meus dois filhos.

Tudo se renovou mais uma vez na minha vida, me impulsionando em direção ao meu novo propósito, um ano após ter saído da Aeronáutica, após uma bateria de provas que realizei nesse período, foram muitas, no segundo concurso de 1994 eu consegui passar e finalmente adquirir as condições para ser chamado em três deles: Contador do Ministério Público – MP; Analista do Tribunal de Contas do Distrito Federal – TCDF; e Auditor da Controladoria-Geral da União – CGU. Assim começou a minha jornada de trabalho como Auditor da CGU e, posteriormente, como Auditor da Secretaria do Tesouro Nacional do Ministério da Fazenda, onde estou trabalhando desde janeiro de 1995, já faz mais de 28 anos. Enfim, eu resolvi relatar esses momentos da minha vida, minha vivência, pois acredito que podem ser de grande utilidade, não só para você que está lendo este livro, mas também para seus conhecidos e familiares, pois muitas vezes o que precisamos para progredir está dentro de nós mesmos, e tudo começa com a transformação da nossa maneira de pensar.

Nesse sentido, quero deixar aqui uma dica que percebi nesta minha vivência: experimente treinar o seu cérebro para que ele haja de uma maneira nova, desejando de verdade, com vigor, de forma repetitiva a realização de um determinado propósito.

Dessa forma você poderá transformar o seu pensamento no sentido de viabilizar a realização de seus objetivos, pois o que você pensa e diz é determinante na realização dos seus propósitos. Agindo assim, você estará condicionando o seu cérebro a ser mais resistente, produtivo e criativo.

3.2 COMO ESTÁ O SEU PENSAMENTO EM RELAÇÃO AO DINHEIRO

Diante desse contexto que relatei em relação a alguns momentos importantes da minha vida, e do aprendizado que eu tive, o que posso dizer a respeito deste assunto é que a boa relação com o dinheiro é fundamental para buscarmos ter progresso na vida. Nesse sentido, é primordial fazer uma reavaliação de como está o nosso pensamento em relação ao dinheiro e assim, se for o caso, poder ressignificá-lo, dentro de uma visão positiva do que o dinheiro representa, pois devemos buscá-lo com o pensamento de que ele seja um meio de nos proporcionar os recursos que nos trarão mais bem-estar e condição de realização dos nossos mais genuínos sonhos. Portanto, devemos querer de verdade ter dinheiro e buscar cada vez mais nos condicionar a fazer bom uso dele para que assim tenhamos a condição e os recursos necessários para viver bem e com qualidade em todas as fases da nossa vida.

3.3 TRANSFORMAR CRENÇAS QUE NOS LIMITAM EM CRENÇAS EDIFICANTES

Primeiro é preciso entender o que são as crenças que nos limitam. Nesse sentido, são opiniões e pensamentos que foram absorvidos ou ditos durante nossa construção como indivíduos e que, hoje em dia, prejudicam a nossa capacidade de crescimento pessoal e profissional.

Veja alguns exemplos de crenças limitantes:

- Nunca vou sair das dívidas.

- Não dá para ter dinheiro do jeito que o país está.

- Nasci pobre, vou morrer pobre.

- Não nasci para ter dinheiro.

- Dinheiro foi feito para gastar.

- Ficou rico porque roubou.

- Juntar dinheiro é coisa de gente rica.

- Eu não levo jeito com dinheiro.

Na maioria das vezes, são os pensamentos negativos que nos fazem desacreditar da possibilidade de alcançar os nossos objetivos ou de realizar algum sonho. Ao acreditarmos que esses pensamentos são verdades, eles se tornam predominantes, a ponto de não se acreditar na existência de outra forma de fazer determinada coisa que traga um resultado melhor. Eles acabam nos limitando e nos impedindo de agir, arriscar, crescer e, assim, nos mantêm estagnados, por isso é fundamental fazer um trabalho interior em busca de ressignificar essas crenças limitantes, no sentido de fazer uma transformação para melhor, positivando, edificando nossa forma de pensar e agir.

Por que temos crenças limitantes? Como foi tratado, conforme vamos nos relacionando com as pessoas ao nosso redor ao longo da nossa vida, vamos adquirindo novas experiências, que por vezes podem influenciar nossa vida, e isso tem a ver com a formação do nosso caráter e se, por um lado, é assim que podemos desenvolver nossos talentos, por outro, também é assim que desenvolvemos as famosas crenças limitantes, que nos impedem de alcançar nosso crescimento e atingir nosso potencial.

E como descobrir nossas crenças limitantes? Uma maneira é aprofundar uma reflexão sobre o que nos limita e como isso surgiu. Mas isso não é tão fácil assim e pode levar um tempo considerável, o importante é perseverar nessa busca do autoconhecimento, em maneiras de desenvolver a inteligência emocional e poder ressignificar e edificar nossas crenças.

Entenda que as crenças limitantes não representam a realidade, que não são verdades absolutas sobre quem você é. Uma boa maneira de superá-las é entender que é algo que está construído na mente e que, com o passar dos anos, sem perceber adotamos como regra.

Veja a seguir uma dica simples que pode ser útil na superação das suas crenças limitantes:

PASSO 1 - Identifique possíveis crenças limitantes – Verifique em quais situações você deixou de fazer algo e por que, em decorrência dessas crenças. Anote o motivo em um papel.

PASSO 2 - Reconheça que é apenas uma crença – Observe aquela crença e reconheça se foi um pensamento inconscientemente inserido na sua mente como verdade, ou seja, se é uma crença, não é um fato.

PASSO 3 - Examine a sua crença – Elabore algumas questões para checar se esta crença de fato tem fundamento dentro da realidade, ou é improcedente.

PASSO 4 - Risque o não da sua vida – Desconstrua pensamentos do tipo: "não posso" e "não consigo". Ou seja, se ao examinar você viu que é incabível essa forma de pensar, elimine o não de frente da frase, enfim se desarme disso. Essas são medidas simples que podem ser de grande valia.

A IMPORTÂNCIA DE FAZER UM MAPA GERAL DO SEU DINHEIRO

A seguir apresento um roteiro com exemplos de como você poderá iniciar do zero a organização das suas finanças.

4.1 PASSO 1 - TENHA UMA ROTINA DE REGISTRO DE GANHOS E GASTOS

Para que você faça um diagnóstico mais preciso de como está a condição de suas finanças, você precisa conhecer como está se comportando a sua movimentação financeira. Você já faz o registro de suas finanças? Não faz ainda, agora é a hora, certo? Então, lhe apresento as dicas a seguir!

Essa rotina é a base de organização das suas finanças, é com esses registros que você terá a condição de fazer a gestão do seu dinheiro. Como sugestão vou lhe apresentar um modelo de registro que pode ser feito à mão ou numa planilha de Excel, que é uma excelente ferramenta de organização, recomendo que aprenda a utilizá-la, mas se não for possível, é só imprimir esses modelos que estão em anexo e fazer os registros à mão.

Esse é um formato simples de fazer o registro de sua movimentação financeira. Meu pensamento aqui é que você possa ter condições de utilizá-lo, importante lembrar que todos os recebimentos e pagamentos devem ser registrados, então vamos lá.

Para que a informação fique mais bem organizada e mais fácil de entender, vamos utilizar três planilhas de registro da movimentação mensal com características específicas para registro de movimentação Bancária (Anexo A), movimentação de Caixa (Anexo B), ou seja, dinheiro que não passa pelo Banco, e movimentação do Cartão de Crédito (Anexo C), se você tem cartão de crédito.

Recomendo que inicie desde já a criar o hábito de registrar suas finanças, se você ainda não o faz. Para que tenha uma visão melhor tanto do preenchimento como da análise e aprimoramento desses registros, ou seja, da gestão das suas finanças, apresento um exemplo, com base na movimentação financeira de Beto (nome fictício). Ele tem 23 anos, trabalha numa grande empresa do ramo de informática, possui segundo grau completo, não tem formação técnica, pela sua competência é auxiliar do supervisor técnico e recebe salário líquido de R$ 2.900,00, contando com o vale-refeição, recebe também vale transporte. Uma observação importante é que Beto não tem o costume de fazer reservas, ele alega que o dinheiro não está dando nem para pagar as contas do mês.

Quadro 1 – Planilha de movimentação "bancária" relativa ao mês de janeiro de 202X

Data	Descrição dos registros	Recebimentos	Pagamentos	Saldo
01/01	Saldo inicial do mês			R$ 100,00
05/01	Recebimento de salário	R$ 2.900,00		R$ 3.000,00
05/01	Compra de mercado		R$ 550,00	R$ 2.450,00
08/01	Pagamento de aluguel		R$ 750,00	R$ 1.700,00
09/01	Barzinho		R$ 65,00	R$ 1635,00
10/01	Padaria		R$ 35,00	R$ 1.600,00
10/01	Energia elétrica		R$ 220,00	R$ 1.380,00

Data	Descrição dos registros	Recebimentos	Pagamentos	Saldo
10/01	Água e esgoto		R$ 150,00	R$ 1.230,00
10/01	Pagamento mínimo da fatura do cartão (30%)		R$ 130,00	R$ 1.100,00
10/01	Prestação do carro (35/36)		R$ 320,00	780,00
11/01	Pagamento da segunda parcela de empréstimo (2/36)		R$ 220,00	R$ 560,00
14/01	Remédios		R$ 67,00	R$ 493,00
15/01	Conta de lanchonete no trabalho		R$ 230,00	R$ 263,00
16/01	Barzinho		R$ 75,00	R$ 188,00
20/01	Padaria		R$ 15,00	R$ 173,00
24/01	Gasolina		R$ 120,00	R$ 53,00
24/01	Remédio		R$ 37,00	R$ 16,00
29/01	Barzinho		R$ 75,00	-R$59,00
31/01	Saldo Final			-R$59,00

Fonte: o autor

Quadro 2 – Planilha de movimentação de "caixa" relativa ao mês de janeiro de 202X

Ata	Descrição dos registros	Recebimentos	Pagamentos	Saldo
01/01	Saldo inicial do mês			R$ 30,00
10/01	Receita de trabalho extra	R$ 250,00		R$ 280,00
15/01	Lanche na cantina do trabalho		R$ 15,00	R$ 265,00
17/01	Feira		R$ 97,00	R$ 168,00
19/01	Gasolina		R$ 120,00	R$ 48,00
25/01	Lanche		R$ 32,00	R$ 16,00
31/01	Saldo Final			R$ 16,00

Fonte: o autor

Quadro 3 – Planilha de aquisições no "cartão de crédito" relativa ao mês de Janeiro de 202X

Data	Descrição dos registros	Pagamentos	Saldo
01/01	Gasolina	R$ 100,00	R$ 100,00
02/01	Lanche na cantina do trabalho	R$ 12,00	R$ 112,00
02/01	Barzinho	R$ 78,00	R$ 190,00
03/01	Lanche na cantina do trabalho	R$ 12,00	R$ 202,00

Data	Descrição dos registros	Pagamentos	Saldo
04/01	Lanche na cantina do trabalho	R$ 12,00	R$ 214,00
05/01	Lanche na cantina do trabalho	R$ 17,00	R$ 231,00
06/01	Calça (1/3)	R$ 70,00	R$ 301,00
06/01	Tênis (1/4)	R$ 95,00	R$ 396,00
06/01	Lanche no shopping	R$ 47,00	R$ 443,00
15/01	Lanche na cantina do trabalho	R$ 15,00	R$ 458,00
23/01	Barzinho	R$ 65,00	R$ 523,00
29/01	Lanche no shopping	R$ 55,00	R$ 578,00
30/01	Lanche na cantina do trabalho	R$ 17,00	R$ 595,00
30/01	Conserto do carro (1/2)	R$ 150,00	R$ 745,00
31/01	Saldo Final		R$ 745,00

Fonte: o autor

Explicações do funcionamento das planilhas anteriores (Quadros 1, 2 e 3):

Os registros são relativos à movimentação do mês de janeiro de um ano não especificado.

São cinco colunas (Data, Registros, Recebimentos, Pagamento e Saldo), nas relativas aos Quadros 1 e 2; em relação ao Quadro 3, naturalmente só não tem a de recebimento, por se tratar de cartão de crédito.

Uma coisa que facilita o controle é registrar toda a sua movimentação financeira no banco, ou seja, se teve algum recebimento em dinheiro o mais adequado é depositá-lo na conta, mas se isso não é viável, ou prático de fazer, você pode criar um controle de caixa, considerando só os valores recebidos diretamente em mãos, conforme planilha (Anexo B). Outra coisa que pode facilitar muito o seu controle e reduzir o seu gasto, é não ter cartão de crédito, mas isso é para poucos que conseguem essa proeza. Então se você deposita seus rendimentos na conta e não tem cartão de crédito, você pode unificar todo o seu controle de recebimentos e pagamentos em uma só planilha.

Na coluna "Data" você deve registrar a movimentação de forma cronológica, para que tenha o controle do seu saldo a cada entrada e saída.

Na coluna "Descrição dos Registros" você deve identificar de forma simples e objetiva a movimentação.

Na coluna "Recebimentos" descreva todas os recursos que recebeu (salário, comissões, renda extra, ...).

Na coluna "Pagamentos" descreva todos os pagamentos feitos que saíram da sua conta (compras de mercado, aluguel, despesas com transporte, conta de energia elétrica, gás, água...).

Na coluna "Saldo", você tem o saldo atualizado a cada movimentação, assim você pode saber se tem saldo para realizar o pagamento, mas muito cuidado com essa informação, porque ter saldo no momento pode dar o entendimento de que você pode gastar, mas lembre-se de que é bem provável que você já tenha outros compromissos no mês, que um gasto fora do programado pode comprometer a sua capacidade de pagamento ao longo do mês, e que terá que se endividar.

4.2 PASSO 2 - EXAMINE A SUA CONDIÇÃO FINANCEIRA ATUAL

Com base no exemplo de Beto, você já tem um parâmetro para fazer uma avaliação de como está a sua condição financeira atual. Veja na análise seguinte, que tem como base as planilhas anteriores (Quadros 1, 2 e 3).

Então vamos lá!

Observe que Beto gastou mais do que tinha, e a situação financeira dele piorou em relação ao mês anterior, pois:

a. Sua conta iniciou o mês com saldo de R$ 100,00 positivo e fechou o mês com saldo negativo de R$ 59,00, tendo assim um gasto de R$ 159,00 a mais do que recebeu ao longo do mês (ver Quadro 1).

b. Ele só pagou 30% da fatura do cartão de crédito, deixando os 70%, ou seja, R$ 303,00 restantes para pagar quando possível. Mas por que isso deve ter acontecido?

Antes de entrar nesse assunto, quero destacar um estudo recente feito pelo Serviço de Proteção ao Crédito – SPC que destaca que 46% dos brasileiros preferem nem olhar para seus gastos porque acreditam estar fazendo algo errado.

Pelo que se observa na situação de Beto, essa condição de descontrole tem muito a ver com as contas dele, tendo em vista que ele não deu a devida importância em pagar os seus compromissos principais do mês, já que ele gastou boa parte de seus ganhos fazendo novas despesas.

Veja melhor no gráfico a seguir essa situação, com base em informações extraídas dos Quadros 1, 2 e 3.

Gráfico 1 – Gastos possíveis de terem sido evitados por Beto

Fonte: o autor

E neste caso qual pode ser o impacto desses gastos a mais nos meses seguintes?

Para responder a essa pergunta, vou considerar somente a renda principal de Beto, já que a renda extra dele vai depender não só do seu esforço em buscar novas oportunidades, mas também da disponibilidade do mercado de trabalho. Mas observe que mesmo ele recebendo renda extra, ainda assim não foi suficiente para cobrir os custos de janeiro. Veja a seguir a análise.

Ponto 1: Beto fechou o mês de janeiro com uma dívida de R$ 788,00, conforme detalhado no Quadro 4, a seguir:

Quadro 4 – Dívida de Beto ao final de janeiro

Descrição	Saldos ao final do mês
Caixa (dinheiro em mãos)	+ R$ 16,00
Conta bancária	-R$ 59,00
Cartão de crédito	- R$ 745,00
Total	- R$ 788,00

Fonte: o autor

Ponto 2: Como Beto não possuía reservas, , caso continue com o mesmo comportamento em relação aos seus gastos, a situação pode piorar muito, com risco de entrar numa bola de neve crescente em relação ao volume das suas dívidas, a exemplo do que mostra o Quadro 5 a seguir:

Quadro 5 – Perfil das despesas não pagas

Despesas não pagas de Cartão	Valor	Juros ao ano	Dívida em 1 ano
Cartão de crédito no mês anterior (70% do total)	R$ 303,00	455%	R$ 1.378,65

Fonte: Banco Central (Abril 2023)

Veja, conforme demonstrado nesse quadro, que os R$ 303,00 que Beto deixou de pagar no cartão de crédito em um ano podem gerar uma dívida de R$ 1.378,65, caso não a quite. Percebe como são exorbitantes os juros do cartão de crédito? Isso ocorre da mesma forma com juros de cheque especial?

Beto precisa agir com urgência para estancar o mais breve possível esse problema, que se soma ao fato de ter fechado o mês com um saldo devedor de R$ 788,00, conforme o Quadro 4. E se ele não fizer nada e a situação continuar do jeito que está, terá um problemão, pois suas dívidas serão cada vez maiores em relação ao seu salário e em pouco mais de dois meses só o valor das dívidas já será maior do que o seu salário.

Você percebe o quanto é sério o descontrole nas finanças? E os prejuízos que isso pode trazer à vida? É o tal efeito de uma bola de neve, que cresce a cada novo gasto impensado. Veja como isso pode afetar as emoções de uma pessoa e imaginem os danos que isso pode causar na vida, como fica a cabeça da pessoa nesta situação, como isso pode prejudicar em casa, no ambiente de trabalho, nos relacionamentos do dia a dia.

SE A GRANA FALTA, O QUE PODE SER FEITO?

Com base no exemplo da situação de Belo, vou apresentar, a seguir, alternativas que podem ser úteis para sair de situações como essa.

Primeiro, como já foi tratado anteriormente, é preciso entender direitinho a gravidade da situação. Beto terá que imediatamente frear os seus gastos, reduzindo ao máximo o que puder, e mais ainda em relação ao que for supérfluo, estes ele precisará restringir de forma drástica, até que as coisas melhorem e ele possa reavaliar sua condição em um novo momento.

Neste caso específico, se por um lado ele não possui reservas conforme informado inicialmente, por outro, ele não tem ainda dívidas passadas em montante significativo, ou seja, o problema está no início, menos mal! Ele terá que definir uma estratégia para o pagamento das despesas que estão extrapolando, ou seja, considerar a possibilidade de buscar um empréstimo pessoal, que possui menores taxas de mercado que seja suficiente para cobrir as suas dívidas. Para isso deve ser observada a sua disponibilidade mensal de pagar essa dívida, pois não adianta resolver a situação momentânea, ter o valor do empréstimo na mão, e criar dívidas que não poderão ser pagas nos meses seguintes.

Neste caso, essa é uma forma emergencial de estancar os gastos e equilibrar suas contas. Em paralelo a isso, ele deve buscar maneiras para ampliar seus ganhos, isso pode vir em função do seu empenho e aprimoramento profissional, o que pode lhe gerar melhorias salariais, e potencializar a possibilidade de gerar renda extra, além do salário. Também existem outras maneiras pontuais de geração de recursos, exemplo disso é a venda de móveis, utensílios ou outros bens, conforme a necessidade.

Assim, ele deve ter como meta prioritária manter seus compromissos financeiros dentro da sua capacidade de pagamento para poder, no menor tempo possível, adquirir a condição de ter dinheiro sobrando ao final do mês, ao pagar todos os gastos, poder antecipar a quitação do empréstimo aproveitando os descontos contratuais e fazer reservas. Ele deve agir com foco em reverter esse jogo e passar de devedor para poupador e assim poder investir em prol da melhoria da sua condição financeira.

Existem algumas estratégias práticas que podem ajudar a equilibrar as contas. A seguir apresento algumas delas, juntamente com exemplos e exercícios que vão facilitar o seu entendimento deste assunto e ajudá-lo a aplicá-las, buscando a melhoria das suas finanças. Então vamos ver como pode ser resolvida a situação de Beto.

5.1 PASSO 1 – ADOTE MEDIDAS EMERGENCIAIS

Se os recursos recebidos não estão sendo suficientes para quitar os gastos, o que pode ser feito?

a. Avaliar sua capacidade de pagamento mensal em relação à dívida, ou seja, qual valor é possível pagar mensalmente. Para isso, primeiro precisará entender com detalhes o seu orçamento, fazer as reduções necessárias em relação a todos os seus gastos mensais e qual valor mensal será possível pagar.

b. Elaborar uma planilha detalhada com todas as dívidas, inclusive dívidas de financiamento de bens móveis, para ter uma visão do tamanho do endividamento, das taxas de juros, prazo para quitação e as possibilidades de descontos, entre outras características que possam ser relevantes.

- Para isso, reúna canhotos, faturas do cartão de crédito e comprovantes de tudo que está devendo, anote o valor da parcela, a taxa de juros, o montante a ser pago, e a data de vencimento. Entenda as características de cada uma delas.

- Isso permitirá que você tenha uma visão geral e possa entender melhor o tamanho da sua dívida e suas particularidades e assim ter condições de renegociá-la, buscando uma condição mais favorável e que caiba em seu orçamento.

c. Avaliar a possibilidade, se for o caso, de buscar um novo empréstimo, transformando várias dívidas em uma única, de forma que o valor da parcela caiba no orçamento. Mas, ao fazer isso, busque as condições mais favoráveis, fique de olho nas vantagens oferecidas, confirme os cálculos em relação a taxa de juros e novo montante da dívida utilizando a "Calculadora do Cidadão", ferramenta disponibilizada pelo Banco Central do Brasil[1].

d. Paralelo a isso, encontre maneiras de gerar receitas mensais adicionais, por meio do trabalho ou de geração de rendas extras, que lhe tragam melhoria de renda.

e. Monte um plano de ação e busque apoio da família, exponha a realidade quanto à situação financeira e as medidas para o equacionamento dos problemas.

f. Lembre-se disso:

---

[1] Disponível em: https://www3.bcb.gov.br/CALCIDADAO/publico/exibirFormFinanciamentoPrestacoesFixas.do?method=exibirFormFinanciamentoPrestacoesFixas

- Esteja preparado para "apertar os cintos" em prol de uma boa causa: a sua tranquilidade financeira.

- Restrinja o uso de cartões de crédito. Passe a adotar hábitos de compra à vista e procure usar o cartão quando quitar todas as dívidas.

- Não se deixe levar pelos apelos publicitários realizando compras por impulso.

- Priorize o pagamento das despesas fixas.

- Seja rígido com os gastos adicionais, até que a situação seja regularizada. Neste momento, é necessário restringir alguns prazeres como: aquela roupa nova, o cinema, o almoço e jantarzinho fora.

- Mantenha o controle da sua planilha em dia.

- Reveja periodicamente as despesas que podem ser evitadas ou reduzidas.

- Saiba avaliar as vantagens e impactos possíveis referentes a possíveis alternativas de parcelamentos, a exemplo das opções constantes no quadro a seguir.

Quadro 6 – Detalhamento dos tipos de parcelamento

Alternativas de parcelamento	Vantagens	Impactos
Parcelamento cartão	- Crédito fácil e disponível	- Altíssimas taxas de juros - Aumento exorbitante do saldo devedor

Alternativas de parcelamento	Vantagens	Impactos
Crédito direto ao consumidor/ consignado	- Crédito facilitado se tiver conta bancária - Parcelamento	- Juros moderados
Limite do cheque especial	- Crédito pré-aprovado e disponível	- Altas taxas de juros
Empréstimo de familiar e amigos	- Crédito com baixo custo	- Responsabilidade em pagar em dia para não gerar conflito e perder amigos
Venda de bens	- Capitalização sem custos adicionais - Redução de endividamento	- Redução patrimonial
Agiota	- Nenhuma	- Juros exorbitantes - Risco de vida por não pagar

Fonte: o autor

Observando essas orientações, Beto teve condições de perceber com mais clareza a sua situação atual em relação as suas contas e o que ele poderia fazer para equilibrar suas finanças. Tomou duas decisões muito importantes a partir de fevereiro de 202X: ele decidiu restringir os gastos do dia a dia, por exemplo: passou a utilizar mais o transporte público e a revezar o uso do carro com vizinhos, passou a levar comida e lanches de casa, cortou compras de vestuário, trocou as idas a barzinho por outras atividades de descontração menos dispendiosas.

Para reestruturar a sua dívida, fez um empréstimo pessoal à taxa de juros de 3,5% ao mês, como o montante necessário para quitar as suas dívidas totalizava R$ 1.091,00 (dívida anterior no cartão: R$ 303,00 somada às dívidas do mês de janeiro: 788,00). Isso fez com que a parcela de R$ 112,90 do empréstimo feito em 12 meses coubesse no seu bolso, conforme cálculo feito pelo site do Banco Central – Bacen (Quadro 7).

Quadro 7 – Cálculo no site do Banco Central

Modalidade de pagamento da dívida	Taxa de juros	Valor atual da dívida	Saldo da dívida em 1 ano	Parcela mensal da dívida
Crédito pessoal no Banco	3,5 %	R$ 1.091,00	R$ 1.354,80	R$ 112,90

Fonte: Calculadora do Cidadão

Um ganho importante nessa operação, pois o montante da dívida ficou consideravelmente menor do que o valor que Beto teria que pagar ao final de um ano, se ele não fizesse essa negociação e deixasse a dívida rolar com os juros exorbitantes do cartão de crédito.

5.2 PASSO 2 – ELIMINE GASTOS

Faça a partir deste momento uma blitz nos gastos futuros, reduza tudo que for possível e preciso conforme sua necessidade. E uma dica minha é, antes de fazer um gasto novo, veja se é TOP, ou seja:

T em necessidade?

O preço está adequado?

P osso comprar e o que vou gastar não vai comprometer o meu orçamento?

Ou seja, antes de comprar, pense bem! Se uma das respostas a essas perguntas for não, o mais apropriado a fazer é não comprar, se for algo na categoria de supérfluo, aí é que não deve ser gasto mesmo.

LEMBRE-SE! Busque sempre o bom senso na tomada de decisões em relação às suas finanças, mesmo que não tenha ainda um orçamento detalhado definido, você deve ter a condição de saber se cabe e se compensa um novo gasto, seja pensando no saldo atual da conta, ou no fechamento das contas do mês atual e dos meses seguintes, principalmente em situações em que a grana tá curta, certo?

5.3 PASSO 3 – CRIE UM ORÇAMENTO E UMA PROGRAMAÇÃO ANUAL

Crie um orçamento realista que leve em conta todos os seus recebimentos e pagamentos. Fazendo assim, você terá parâmetros para monitorar e equilibrar suas contas.

Como vimos no item 3, PASSO 1, que trata da rotina de registro das finanças, pela importância deste assunto, quero reforçar aqui que ter uma bom rotina de registros das finanças é fundamental para se poder tomar as decisões mais consistentes em relação as nossas finanças. Também quero complementar informando que são muitas as formas de controle de gastos pessoais disponíveis na internet e por intermédio de aplicativos de celular que auxiliam no gerenciamento das finanças, a exemplo dos aplicativos de celular organizze, mobills e Money lover, entre outros. Agora, se você não tem facilidade de utilizar aplicativos, é possível também criar sua própria ferramenta para ter o controle de seu orçamento de forma que lhe traga mais praticidade, ou utilizar a forma mais simples e até algumas décadas passadas, a mais utilizada, que é o velho caderninho de anotações.

> Tenha uma rotina de atualização de seus registros financeiro, isso dará precisão ao seu controle financeiro e consistência ao seu orçamento.

É bom sempre lembrar que a disponibilidade financeira não depende só do saldo do momento em que se deseja fazer um gasto, e sim da programação financeira ao longo do mês. Manter uma rotina de anotação das contas não é uma tarefa fácil, exige tempo e disciplina. A organização desses registros é um fator estruturante para se tomar boas decisões em relação as nossas finanças.

Assim, se queremos manter a rédea das nossas finanças, é importante que ela faça parte da nossa rotina diária, junto com as demais atividades que necessitamos fazer, pode até dar trabalho no início, mas quando isso entra na rotina, flui normalmente e aquilo que era um grande sacrifício passa a ser visto como natural.

O resultado financeiro desejado, ao fazer a apuração das contas no final do mês, é que nossos ganhos tenham sido mais do que suficientes para cobrir os nossos gastos. Assim teremos um saldo positivo, uma sobra de dinheiro a ser destinada a fazer reservas para serem investidas em nossos objetivos.

Ganhos – Gastos = Reservas

a. Ganhos

Os ganhos representam todo o dinheiro que entra na conta e seu registro aumenta o saldo da conta. Exemplo:

- Salários, pró-labore
- Extra (Participação nos lucros, prêmios por desempenho)
- Trabalho extra com remuneração (Eventos, freelance)
- Outras fontes de renda (Aluguéis, pensão alimentícia)

b. Gastos

Os gastos representam saída da conta. Eles se subdividem basicamente em duas grandes categorias: a das necessidades principais e a dos supérfluos.

Gastos destinados a necessidades principais, compõem-se de despesas relacionadas a alimentação, moradia, transporte, medicamentos, atendimentos médicos, comunicação, considerando o básico necessário.

Quanto aos gastos supérfluos, aqui é que se torna mais viável fazer os ajustes necessários para que as contas não extrapolem os limites programados no orçamento, porém é importante salientar que esses gastos não devem ser encarados como desnecessários, pois em boa parte cumprem uma função importante ao bem-estar e a qualidade de vida da pessoa. Exemplo: passeios, restaurantes, cinemas, presentes, beleza, decoração, férias, academia, equipamentos esportivos, aulas de música são gastos que têm sua importância e devem estar previstos no orçamento, na medida da necessidade do momento e usando sempre a criatividade para que eles não comprometam as contas e a realização dos objetivos.

c. Reservas e investimentos

Agora chegamos a uma categoria do orçamento importantíssima que é a conta destinada a reservas, pois é essa sobra de recursos que será investida e se destinará, parte, a suprir necessidades que não fazem parte da nossa rotina de gastos do dia a dia e, outra parte, à realização dos nossos objetivos financeiros que nos aproximam da realização dos nossos propósitos. A seguir estão destacadas as formas mais tradicionais de investimentos financeiros:

- Renda fixa (Poupança, LCI, LCA, CDB, Fundos de investimento)
- Renda variável (Bolsa de valores, fundos de ação)

Quanto aos percentuais a serem considerados como parâmetro de gastos ou de investimentos, isso é relativo e varia conforme o momento e a condição de cada um. Pois imagine, por exemplo, se uma pessoa que ganha por mês R$ 2.000,00 utilizar 70% dos seus ganhos para os gastos e 30% para reservas, isso pode representar um sacrifício muito grande, apesar de poder ser bem recompensador, principalmente se ela investir essa reserva na melhoria da sua renda. Agora se a pessoa ganhar 20.000,00 por mês, essa distribuição pode ser ajustada conforme os objetivos dela, pois quanto maior o ganho menor poderá ser a destinação para gastos e maior para reservas. Exemplo: Se ela utilizar 50% para gastos, R$ 10.000,00, ela poderá destinar o mesmo para reservas. Ao final de 60 meses ela poderá juntar R$ 600.000,00, sem considerar ainda nesse valor as possibilidades de investimento.

5.4 EXEMPLIFICAÇÕES

As exemplificações apresentadas a seguir são decorrentes de situações apresentadas em atendimentos que realizei e os nomes são fictícios.

Nicolas

Veja o que a compra de um tênis, num momento de empolgação, provocou nas contas de Nicolas:

a. Ele estava passando em frente de uma loja e foi convencido a comprar um tênis descolado que o vendedor afirmou que na semana passada custava R$ 650,00, e que só tinha um par com o seu número, e na promoção estava por R$ 460,00, mas podia ser pago em até duas vezes de R$ 230,00, uma à vista e a outra para 30 dias.

b. Nicolas gostou muito do tênis, ficou superempolgado com a oferta e, consultando seu extrato, viu que estava com saldo positivo de R$ 900,00, aparentemente teria condições de fazer a compra, e foi o que ele fez.

c. Só que não levou em conta que não tinha mais grana para receber até o pagamento, que só ia sair no início do mês seguinte e que também teria a pagar até lá o aluguel e uma conta de energia elétrica que vencem até o fim do mês atual, no valor total de R$ 820,00, sem contar outros pequenos gastos que costuma fazer ao longo do mês, o que na realidade inviabilizaria a compra.

d. Mas como Nicolas comprou o tênis, mesmo sem ter capacidade de pagamento, tendo em vista que sua disponibilidade financeira ao longo do mês não era suficiente, ao final do mês, mesmo ele não realizando outros gastos, o seu saldo no banco fechou devedor, ele entrou no cheque especial, devendo R$ 150,00, ou seja, em resumo:

- Ele ao final do mês tinha previsão de saldo final de R$ 80,00
- Ao comprar o tênis ele acrescentou ao seu orçamento a despesa de R$ 230,00, reduzindo seu saldo neste valor.
- Assim, ele que teria a previsão de um saldo positivo ao final do mês, passou a um saldo negativo de R$150,00.

Percebeu aqui a importância de um orçamento e de administrá-lo com atenção e prudência?

Silmara

Veja agora o exemplo de Silmara que atravessou alguns desajustes nas contas, mas que aproveitou a lição para reestruturar sua condição financeira e positivar suas contas.

Quadro 8 – Registro da situação financeira inicial

Descrição	Situação Atual
1. GANHOS	7.500
1.1 Salários	6.000
1.2 Renda extra	1.500
2. GASTOS - NECESSIDADES PRINCIPAIS	5.810
2.1 Moradia e gastos básicos	3.550
2.1.1 Alimentação	1.200
2.1.2 Aluguel, condomínio e IPTU	1.500
2.1.3 Telefone, internet e TV a cabo	250
2.1.4 Limpeza e conservação de casa	600
2.2 Transporte	1.120
2.2.2 Ônibus, metrô, Uber, táxi	150
2.2.3 Parcela de financiamentos	300
2.2.4 Multas, seguro, IPVA e licenciamento	270
2.3 Educação	180
2.3.1 Escola/cursos	150
2.3.2 Material/uniformes	30
2.4 Saúde	310
2.4.1 Gastos médicos	150
2.4.2 Plano de saúde	90
2.4.3 Remédios	70
2.5 Empréstimo	650
2.5.1 Cheque especial	270

2.5.1 Cartão de crédito	380
2.6 Doações	0
3. GASTOS - SUPÉRFLUOS	*1.900*
3.1 Roupas	750
3.1.1 Adulto	450
3.1.2 Crianças	300
3.2 Lazer	1.150
3.2.1 Viagens	450
3.2.2 Restaurantes	400
3.2.3 Cinema, casas noturnas, teatro	250
3.2.4 Livros, revistas, assinaturas, coleções	50
4 INVESTIMENTOS	-
4.1 Poupança	0
4.2 LCAs, LCIs, CDBs	0
4.4 Tesouro Direto	0
4.3 Fundos de investimento e ações	0
5. SALDO FINAL DA CONTA	*-210*

Fonte: o autor

Segundo Benjamin Franklin, "Cuidado com as pequenas despesas. Um pequeno vazamento afunda um grande navio".

Em resumo, a situação de Silmara era a seguinte:

Ganhos..R$ 7.500,00

Gastos ....R$ 7.710,00

Saldo final negativo...........................(R$ 210,00)

Reservas em Investimentos..............R$ 0,00

Medidas que levaram à reformulação e a melhoria das condições financeiras de Silmara:

Ela percebeu que poderia melhorar a sua renda de forma mais imediata, já que um produto que ela fazia por *hobby* já estava lhe dando retorno financeiro, então era questão de melhorar a colocação dele no mercado para ampliar as possibilidades de geração de receita. Por outro lado, ela estabeleceu uma meta de redução de 50% dos gastos supérfluos e com isso cortou ou substituiu algumas das atividades que ela vinha fazendo, por outras mais em conta. Assim, após 6 meses, a composição mensal das suas finanças passou a ter o seguinte padrão:

Ganhos...R$ 8.200,00

Gastos ....R$ 6.760,00

Saldo final positivo........................R$ 1.440,00

Reservas em investimentos.....R$ 1.440,00

Mary

Agora veja os benefícios que o aprimoramento profissional gerou nas contas de Mary.

Por quinze anos ela trabalhou como técnica em uma empresa de estética e, ao longo desse tempo, se aperfeiçoou pessoal e profissionalmente, aprimorando competências fundamentais no seu ramo de negócios, e hoje ela é a diretora executiva da empresa. E nesse período ela ajustou suas metas de gastos conforme a melhoria de seus ganhos e suas necessidades, de tal maneira que hoje consegue reservar 45% dos ganhos atuais para aplicar em investimentos, e apesar de seus gastos terem subido em função da melhoria de seu padrão de vida, percentualmente diminuíram. Veja isso em detalhes no quadro a seguir.

Quadro 9 – Programação financeira mensal de Mary

Categoria	15 anos atrás		Atualmente	
Ganhos	5.000,00	100%	40.000,00	100%
Necessidades principais	3.000,00	60%	15.000,00	38%
Supérfluos	500,00	10%	7.000,00	17%
Investimentos	1.500,00	30%	18.000,00	45%

Fonte: o autor

Silvia

Veja com detalhes os ajustes que Silvia teve que fazer em suas contas.

Silvia trabalha numa grande empresa de produção de marketing digital há dez anos. A empresa está oferecendo diversas oportunidades de aprimoramento por meio da realização de cursos de capacitação neste seguimento e sinalizando a ela uma possível promoção, que deve ocorrer em breve. Mas enquanto isso não se realiza ela precisa ajustar imediatamente as suas contas, pois o seu salário não está sendo suficiente para cobrir todos os gastos do mês. Ao consultar um especialista em finanças, ela recebeu orientações quanto ao ajuste das suas contas, com um programa de reformulação de quatro meses, conforme detalhado a seguir.

Quadro 10 – Programa de reformulação de 4 meses

Categorias	Situação anterior		Melhoria proposta após 4 meses	
	Valor	%	Valor	%
Ganhos	R$ 4.650,00	100%	R$ 5.100,00	100%
Gastos	R$ 6.750,00	145%	R$ 4.080,00	80%
Reserva	R$ 0,0	0%	R$ 1.020,00	20%

Fonte: o autor

Observe que o percentual de distribuição de recursos se modificou significativamente para melhor, considerando o curto período de tempo. Isso se deu em função dos objetivos que Silvia estabeleceu e da atitude que ela teve em realizar esses objetivos.

Note que essa distribuição projetou uma reserva de 20% dos ganhos após o quarto mês, ou seja R$ 1.020,00 por mês, o que lhe dá a possibilidade de, ao longo de 12 meses, estar com reserva aproximada de R$ 12.240,00, sem contar os rendimentos desses valores. Este é um bom motivo para Silvia manter esse propósito de melhoria financeira, concorda?

Com esse dinheiro será possível ela realizar um grande sonho, que é de iniciar uma especialização que lhe habilitará para uma vaga de supervisora na empresa em que trabalha, o que lhe proporcionará uma melhoria significativa de salário.

Veja com mais detalhes a seguir como foi que Silvia fez para adequar seu orçamento ao longo dos quatro meses.

NA TRILHA DO PROGRESSO FINANCEIRO

Quadro 11 – Situação após a reformulação

Descrição	Situação Atual		Ajustes					
			mês 2		mês 3		mês 4	
1. GANHOS	4.650,00	100%	4.750,00	100%	4.800,00	100%	5.100,00	100%
1.1 Salários	4.500,00		4.500,00		4.500,00		4.500,00	
1.2 Freelance	150,00		250,00		300,00		600,00	
2. NECESSIDADES PRINCIPAIS	5.000,00	108%	3.620,00	76%	3.500,00	73%	3.350,00	66%
2.1 Moradia e gastos básicos	2.550,00		2.300,00		2.250,00		2.200,00	
2.1.1 Alimentação	900,00		850,00		800,00		700,00	
2.1.2 Aluguel, condomínio e IPTU	1.100,00		1.100,00		1.100,00		1.100,00	

2.1.3 Telefone, internet e TV	200,00	150,00	150,00	150,00
2.1.4 Limpeza e conservação de casa	350,00	200,00	200,00	200,00
2.2 Transporte	870,00	820,00	750,00	700,00
2.2.1 Combustível	300,00	250,00	180,00	130,00
2.2.2 Ônibus, metrô, Uber, táxi	150,00	150,00	150,00	150,00
2.2.3 Parcela de financ. carro	150,00	150,00	150,00	150,00
2.2.4 Seguro, IPVA e licenciamento	270,00	270,00	270,00	270,00
2.3 Educação	90,00	90,00	90,00	90,00
2.3.1 Escola/cursos	90,00	90,00	90,00	90,00
2.4 Saúde	210,00	210,00	210,00	210,00

NA TRILHA DO PROGRESSO FINANCEIRO

2.4.1 Gastos médicos	90,00	90,00	90,00	90,00
2.4.2 Plano de saúde	70,00	70,00	70,00	70,00
2.4.3 Remédios	50,00	50,00	50,00	50,00
2.5 Dívidas	100,00	100,00	100,00	1.280,00
2.5.1 Débito pendente no cartão	0,00	0,00	-	250,00
2.5.2 Cheque especial				1.030,00
2.5.3 Empréstimos	100,00	100,00	100,00	-
2.6 Doações	100,00	100,00	100,00	-
3. SUPÉRFLUOS	730,00 — 14%	750,00 — 16%	850,00 — 18%	1.750,00 — 38%

3.1 Roupas	450,00		100,00		100,00		100,00
3.1.1 Adulto	250,00		50,00		50,00		50,00
3.1.2 Crianças	200,00		50,00		50,00		50,00
3.2 Lazer	1.300,00		750,00		650,00		630,00
3.2.1 Viagens	350,00		250,00		150,00		150,00
3.2.2 Restaurantes, lanchonetes	450,00		200,00		200,00		200,00
3.2.3 Cinema, teatro, casas noturnas	450,00		250,00		250,00		230,00
3.2.4 Coleções	50,00		50,00		50,00		50,00
4. RESERVAS	-	-	*380,00*	*8%*	*650,00*	*14%*	*1.020,00*	*20%*
5. SALDO FINAL DA CONTA	**- 2.100,00**	**-45%**	**-**	**0%**	**-**	**0%**	**-**	**0%**

Fonte: o autor

NA TRILHA DO PROGRESSO FINANCEIRO

→ Ampliação de receita

Com as habilidades e competência que Silvia vem desenvolvendo na área de produção de marketing digital, ela está iniciando um trabalho nas horas de folga que está lhe gerando uma pequena renda extra, mas que vem crescendo ao longo dos meses.

→ Redução de gastos

- Reduzir gastos com alimentação

Dentre as pequenas ações que levaram à redução da alimentação mensal de R$ 900,00 para700,00, está a compra por aplicativos (app), com algumas vantagens importante, tais como:

- Elaboração de lista de compra de forma mais objetiva e precisa diante da necessidade, tendo em vista que, ao elaborar uma lista em casa, no momento da compra é possível consultar com mais precisão a quantidade disponível em casa.

- Possibilidade de melhor relação de custo-benefício, tendo em vista a maior variedade de produtos em relação a cada item, bem como facilidade na escolha do melhor preço.

- Maior facilidade de evitar compras desnecessárias, em função do distanciamento em relação ao produto, assim o comprador fica menos vulnerável às tentações das guloseimas e demais atratividades que quando vistas pessoalmente são mais difíceis de ser evitadas.

- Economia de tempo e possíveis chateações e incômodos em filas de mercado.

A seguir apresento algumas opções de aplicativos (apps) de mercado com a opção de delivery. Isso a título de exemplo, pois a viabilidade do uso desses e outros aplicativos com essa finalidade, vai depender do local em que a pessoa reside..

✓ Rappi Brasil

- Trabalha com diversos mercados e abrange 140 cidades brasileiras.

✓ Supermercado Now

- Trabalha com grande quantidade de mercados e atende as cidades de São Paulo e Porto Alegre.

✓ James Delivery

- Trabalha com a rede Pão de Açucar e atende diversas cidades das cinco regiões do Brasil.

✓ Carrefour Brasil

- Atende as regiões da Grande São Paulo, Rio de Janeiro, Belo Horizonte e Porto Alegre.

- **Telefone, internet e TV a cabo**

Renegociou o pacote como um todo, reduzindo os produtos ofertados e buscando junto à concorrente argumentos de negociação de custos.

- **Combustível**

Restringiu o uso do veículo na semana a algumas situações específicas, optando pelo transporte público coletivo, no dia a dia.

- **Endividamento**

Ela fez uma renegociação de suas dívidas junto ao Banco, contratou um empréstimo pessoal com prestações fixas de R$ 100,00 ao mês e a juros mensais de 2,3% ao mês. Sua dívida totalizava R$ 1.320,00, conforme detalhamento a seguir:

Cartão de crédito (juros de 13%)..............R$ 250,00

Cheque especial (juros de 8% ao mês)....R$ 1.070,00

Total ....R$ 1.320,00

- Roupas

Reduziu a compra de roupas e buscou alternativas mais econômicas em bazares, ateliês, brechós.

- Lazer

Reduziu as atividades de lazer de R$ 1.300,00 para R$ 650,00 em 4 meses, optando por ações mais econômicas, aproveitando promoções de eventos, atividades gratuitas, atividades ao ar livre, encontros em residências de amigos, entre outras.

5.5 EXERCÍCIO PROPOSTO

Com base no exemplo de Silvia, sugiro que você faça a projeção de seus ganhos e de seus gastos para um período de 12 meses. Recomendo que utilize os quadros destacados na parte 2.

5.6 LIÇÕES IMPORTANTES

- ✓ Busque de forma perseverante o equilíbrio entre ganhos, gastos e investimentos, de forma a estabelecer a estabilidade financeira no longo prazo.
- ✓ Viva dentro das suas possibilidades, de acordo com a sua renda disponível e evite ao máximo gastos excessivos principalmente em itens supérfluos.
- ✓ Gerencie suas dívidas, procure evitá-las e tenha atenção a sua capacidade de pagamento.
- ✓ Programe-se para economizar dinheiro e tenha reservas para garantir a realização de seus objetivos financeiros.
- ✓ Procure pagar as contas em dia. Juros, por menores que sejam, sempre reduzem a sua disponibilidade financeira, principalmente quando ocorrem com frequência.

- ✓ Priorize pagar as contas com juros mais altos.
- ✓ Use o cartão de crédito com muita cautela.
- ✓ Se o orçamento não fecha e você precisa recorrer a um empréstimo bancário, opte pelo consignado.
- ✓ Analise o que pode ser cortado ou reduzido até que o valor se adéque ao seu planejamento.
- ✓ Não corte de forma radical os gastos com coisas supérfluas, eles na medida adequada têm a sua valia.
- ✓ É preciso repensar os seus gastos como um todo, principalmente quando não sobra dinheiro para investir.
- ✓ Priorize investir na descoberta das suas habilidades e vocações e no seu desenvolvimento pessoal e profissional, é a melhor maneira de alavancar sua renda.
- ✓ Você pode aumentar sua renda, buscando desenvolver suas habilidades e competências que estejam na trilha do seu progresso no trabalho.
- ✓ Do desenvolvimento pessoal e profissional podem surgir novas formas de gerar renda, como trabalhos freelance, mentorias, palestras, consultorias, cursos *on-line*, publicação de livros, entre outros.

UM PLANO DE AÇÃO
PARA O SEU PROGRESSO

Quem busca ter objetivos de melhoria financeira, se planeja e se dedica em realizá-los, com certeza tem mais condição de aproveitar as oportunidades que por vezes a vida apresenta e de resolver fatos inesperados e indesejáveis com mais facilidade.

Para iniciar este assunto de grande relevância, quero citar aqui um escritor pelo qual tenho grande admiração em função de suas memoráveis obras construídas com bases sólidas, que repercutem e fundamentam o conhecimento da educação financeira e do empreendedorismo, e que já datam de aproximadamente um século, esta notável pessoa é Napoleon Hill. Quero dar um destaque especial a uma joia da ciência comportamental de autoria dele, que é *A lei do triunfo*, para o século 21 especificamente um trecho relacionado à segunda lei: "Quem sabe o que quer, tem uma dose extra de energia" (ALBUQUERQUE, 2009, p. 53); nesse sentido, os especialistas em comportamento humano dizem que o mundo se descortina para deixar passar quem sabe onde quer chegar"

Eu acreditar nisso, pois tem muito a ver com momentos marcantes e decisivos da minha vida, conforme já relatei anteriormente em trechos da história de meus pais e minha.

Então, definir seus reais propósitos e ir em busca da condição necessária para que eles se realizem é o que lhe proponho neste capítulo. Um roteiro simples de orientações que, bem utilizado e seguido, pode lhe dar a condição de realizar os mais diversos objetivos pretendidos – seja investir na sua carreira profissional, montar um negócio, equilibrar as finanças, melhorar a renda ou aumentar o patrimônio – e assim direcionar as suas ações em busca de uma vida mais equilibrada.

6.1 DEFINA PROPÓSITOS, OBJETIVOS E METAS

Muita gente diz que quer melhorar a sua condição financeira, sente que não quer ficar do jeito que está, mas não tem objetivos claros de aonde quer chegar, do que quer realmente mudar, então o que precisa ser feito?

O primeiro passo na organização das finanças é a definição de sonhos, propósitos, objetivos e metas, e com base nisso se inicia o processo de organização e estruturação da vida financeira ao longo do tempo.

Diversos podem ser os propósitos, mas como saber se compensa e se é viável de ser realizado? Para ser o mais assertivo possível, é necessário avaliar a viabilidade e o custo frente ao benefício pretendido, para saber se compensa a investida. Se a resposta for positiva, então se deve preparar o terreno, estabelecendo as prioridades, a forma de como será realizado, o prazo e as condições necessárias.

Mas nesse sentido de nos organizarmos, temos que antes de tudo arrumar nosso pensamento e estabelecer qual a qualidade e a condição que queremos dar a nossas vidas? O que de fato é fundamental? O que faz mais sentido?

O planejamento das finanças se constitui inicialmente da definição de propósitos, como a compra de uma casa, aposentadoria, educação dos filhos, a viagem dos sonhos, e em paralelo a definição de objetivos e metas, com ações específicas que busquem viabilizar a sua realização.

Nossos propósitos começam a ganhar força e forma quando temos uma noção de quanto custam, em quanto tempo e de que maneira podemos realizá-los. À medida que essa ideia se reverte em organização de um orçamento, formação de poupança, escolha do investimento e ações concretas, ela se transforma em um plano. Agindo assim, tem-se mais condição de aproveitar as oportunidades que por vezes a vida apresenta e de resolver fatos inesperados e indesejáveis com mais assertividade.

NA TRILHA DO PROGRESSO FINANCEIRO

Então, o planejamento, se bem utilizado e seguido, pode lhe dar a condição de realizar os mais diversos objetivos pretendidos – seja algo específico, como comprar um bem, investir na carreira profissional, montar um negócio, equilibrar as finanças, melhorar a renda, aumentar o patrimônio, ou mesmo direcionar as suas ações em busca de uma vida mais equilibrada.

Nele tem um ponto fundamental, que são nossas escolhas; precisamos aprender a fazer escolhas, certo? Como diz uma frase atribuída a Lewis Carroll, autor do clássico livro *Alice no País das Maravilhas*, "Se você não sabe aonde quer ir, qualquer caminho serve".

Então, nesse sentido, é bom pensar bem nas escolhas que vão determinar as metas e nossos esforços para realizá-las. O custo dessas escolhas não é só o financeiro, você também tem que colocar na balança e pesar o sacrifício que terá que fazer, os valores que quer preservar e fortalecer na sua vida, a manutenção dos relacionamentos com os entes queridos, sua liberdade e o tempo que você tem para viver - como e em que você quer investi-los –, tudo isso deve nortear a sua tomada de decisão em relação a sua busca por ter dinheiro. E diante disso, avaliar até que ponto os benefícios que você está buscando compensam esse esforço. Por exemplo: será que vale a pena ter um trabalho em que você tenha muito dinheiro, poder e status, mas que você trabalhe com frequência 12 horas por dia, inclusive em finais de semana, ou que tenha que tomar decisões que vão comprometer sua moral ou princípios, prejudicar sua saúde, sua família e que pode denegrir a sua imagem, ou até levá-lo à cadeia?

Então escolher bem, ter estratégias claras e objetivos estruturados do que se quer é um passo fundamental na busca dos seus propósitos de uma condição satisfatória nas finanças. Com atitude e coragem para fazer acontecer e um sentimento de respeito por você e pelos que estão a sua volta, você terá os ingredientes certos para realizar seus objetivos de vida. Então vamos em frente que a hora é essa.

Como estabelecer metas financeiras e realizá-las?

Primeiramente vamos entender o que é uma meta financeira. Metas financeiras são objetivos que você estabelece num período de tempo para alcançar um determinado resultado financeiro relacionado às suas finanças. Uma meta é uma tarefa específica que você deve fazer na busca de alcançar um determinado objetivo.

Como se observa aqui, a definição de metas financeiras é fundamental na sustentação de suas finanças ao longo da vida, pois é fator que estabelece os parâmetros para se alcançar o objetivo. Como vimos sem definir objetivos, é muito mais difícil saber em qual direção seguir, e sem um esforço concentrado na administração das finanças, o dinheiro que se ganha no dia a dia está sujeito a ser consumido com coisas que no final das contas é bem provável que não tragam benefícios mais proveitosos ao longo de determinado período, e assim em algum momento haverá descontentamento com a condição que se vive.

Conforme apresentado, as metas financeiras servem como um guia. Ou seja, um direcionamento na hora de tomar suas decisões financeiras, a exemplo de quanto você precisa guardar para montar o seu novo negócio. Apresento a seguir alguns conceitos que você precisa conhecer para estabelecer suas metas financeiras.

Então vamos lá!

Metas financeiras de curto, médio e longo prazo

Uma das características mais importantes da meta financeira bem planejada é que você deve estabelecer um prazo para realizá-la. Ou seja, um espaço de tempo no qual precisa alcançar a meta. Sem um prazo definido, é muito fácil adiar as ações – e acabar não chegando em lugar nenhum. A seguir constam alguns exemplos de metas, conforme prazo estimado de execução.

Curto prazo

As metas de curto prazo devem ser atingidas, no máximo, até os seis primeiros meses, aqui você deve pensar nas necessidades mais urgentes ou imediatas. Alguns exemplos são: em até 6 meses equacionar as dívidas, equilibrar as contas, começar a juntar dinheiro.

Médio prazo

As metas de médio prazo normalmente visam a objetivos maiores, que requerem maior investimento para serem alcançados. Em termos de tempo, você pode considerar de médio prazo suas metas de 6 meses a dois anos. Por exemplo, aprender uma nova habilidade, gerar uma fonte de renda extra, fazer uma viagem.

Longo prazo

Essas são as metas que necessitam de muito planejamento e investimentos maiores para ser alcançadas. Em termos de tempo, você pode considerar de longo prazo metas com prazo maior que dois anos. Como, por exemplo: comprar uma casa, montar um negócio, realizar uma viagem internacional.

Como estabelecer metas financeiras?

Agora você já sabe o que são metas de curto, médio e longo prazo. Então, chegou um momento importante, é hora de você aprender, na prática, como estabelecer suas metas financeiras. Vou lhe apresentar a seguir o método SMART.

Mas você pode estar se perguntando, o que é o método SMART?

É um método muito prático, o conceito foi trazido em 1981 pelo consultor norte-americano George T. Doran, ao publicar um artigo na revista *Management Review*. Consiste em uma forma eficaz de definir metas e objetivos, seja para projetos pessoais ou para sua empresa. A sigla é composta pelos cinco princípios que funcionam como um *checklist* que verifica a consistência de uma meta estabelecida.

A palavra SMART, traduzindo do inglês para o português, quer dizer "inteligente", podemos assim dizer por dedução que é um método inteligente de planejamento. E no acrônimo desta palavra cada letra tem um significado próprio, que se juntam para formar o método que pode ser utilizado tanto em relação ao planejamento pessoal como empresarial e que, quando apropriadamente utilizado, aumenta suas chances de alcançar suas metas. Veja a seguir a descrição deste método.

S: Specific – Específica: ter uma meta bem definida, clara e inequívoca.

M: Measurable – Mensurável: a meta precisa ter critérios específicos que possibilitem aferir seu progresso rumo à realização.

A: Achievable – Alcançável e realista: deve ser realizável, ou seja, possível de alcançar.

R: Relevant – Relevante para seus objetivos: a meta deve estar ao seu alcance, ser realista e relevante para o seu propósito de vida.

T: Time Based – com prazo determinado: deve ter um prazo para acontecer e uma linha do tempo claramente definida, incluindo uma data de início e fim. O objetivo é criar um senso de urgência em você.

Ter objetivos e metas bem definidos fornece um senso de direção, motivação, foco claro e determina o grau de importância para a sua realização. Por isso, a metodologia SMART surgiu para orientar a definição de cada uma das metas necessárias para, diante da situação atual, alcançar o resultado desejado, ou seja, poder identificar e partir da situação atual e ter como visão de futuro aonde quer chegar.

A partir deste momento, você vai ver em detalhes algumas dicas de como colocar em prática este método. Uma boa oportunidade para pensar e definir as suas metas financeiras. Mas primeiro crie uma planilha ou arquivo de texto no seu computador, se não é possível fazer assim, não tem problema, faça em um caderno de anotações e com base nas orientações a seguir construa o seu planejamento.

Mãos à obra!

1) Estabeleça objetivos

As metas financeiras são pequenas tarefas que irão ajudar você a alcançar seus objetivos. Por exemplo: iniciar um negócio ou gerar uma renda passiva suficiente para que sua família tenha mais conforto.

O objetivo é aquilo que você quer alcançar. Suas metas financeiras são tarefas menores que, juntas, ajudarão você a chegar lá. Por exemplo, se seu objetivo é iniciar um negócio, você terá como metas conseguir dinheiro para iniciar o negócio e uma reserva para cobrir os custos durante um determinado período, até que o negócio se sustente. Então, o primeiro passo é saber qual seu objetivo – e em quanto tempo você quer alcançá-lo.

2) Identifique etapas e determine prazos

Você já estabeleceu aonde quer chegar, agora é necessário identificar o que você precisa para isso, faça a seguinte checagem:

A meta é específica? Ou seja, eu defini exatamente quanto dinheiro preciso investir, com que frequência e todos os outros detalhes necessários?

É possível acompanhar o desempenho dessa meta com números?

- É realista para minhas condições de vida e pode ser alcançada sem comprometer outros fatores?

- É relevante para o meu objetivo final? Ou seja, isso vai me ajudar mesmo a conquistar meu objetivo?

- Eu posso estabelecer um prazo realista para essa meta?

Opa! Diante disso, você já tem suas metas financeiras. Mas ainda é preciso se organizar para alcançá-las.

3) Seja realista

Crie metas desafiadoras e que tirem você da sua zona de conforto, isso é muito importante, mas tenha os pés no chão, considere sua segurança e seu bem-estar.

Metas ambiciosas demais podem prejudicá-lo e não lhe trazer os resultados esperados. Primeiramente porque você pode acabar correndo riscos desnecessários ou comprometendo o padrão de vida da sua família, ou, pior, comprometendo o seu relacionamento com sua família, amigos e seus valores como pessoa.

A título de exemplo: imagine que você deseja aumentar seu padrão de vida por meio do trabalho. Isso significa que você terá de assumir um cargo de liderança, que exige amplo conhecimento técnico e habilidades de gestão que ainda não tem e você estabelece uma meta com prazo de três meses.

Será que essa meta é alcançável, diante da realidade que ela apresenta? Provavelmente não. Muitas pessoas desistem do planejamento financeiro porque estabelecem metas muito difíceis de ser alcançadas. É importante buscar a medida adequada para que a meta seja desafiadora, mas que também seja viável de ser alcançada, assim você se sentirá ainda mais inspirado para continuar!

4) Organize o planejamento

Organizar seu planejamento em um documento que possa ser consultado e atualizado é fundamental. Dessa forma, você sabe como está se saindo, o que ainda precisa fazer e como pode melhorar seu desempenho.

5) Acompanhe seu desempenho

Uma boa meta pode ser medida de maneira objetiva. Assim, você sabe exatamente como está seu progresso e, principalmente, se ela está condizente com os prazos estabelecidos.

Isso é verdade para qualquer tipo de objetivo. No entanto, quando o assunto são metas financeiras, é ainda mais importante que você acompanhe os números de perto.

Se você nunca consegue atingir suas metas de curto prazo, por exemplo, talvez seja necessário fazer alguns ajustes. Se você acompanha seu desempenho de perto, é mais fácil identificar onde você pode implementar melhorias.

Se uma meta não foi atingida, vale a pena se perguntar:

Essa meta era realista?

O que me impediu de atingir a meta?

O que posso fazer para ter uma performance melhor nesse ponto?

Para responder a essas perguntas, você precisa ter um controle detalhado do quanto ganha, quanto gasta – e onde – e como investe seu dinheiro.

Como elaborar um plano de ação?

Agora é hora da elaboração do seu Plano de Ação, no qual você vai agregar o conhecimento apresentado nas fases anteriores para construir o seu planejamento, com todas as ações necessárias para atingir o objetivo que você deseja. É um momento importante para avaliar as prioridades, condições e o resultado esperado pela ação. Um bom Plano deve deixar claro tudo o que deverá ser feito, como e quando, valor e o porquê da realização de cada ação.

Sendo assim, a meta SMART está inserida em um objetivo maior e implica uma série de tarefas que você precisa realizar de forma estruturada e com avaliação constante. Isso também ajuda você a trabalhar sem tanto estresse, bem como evita a procrastinação, uma vez que você enxerga com transparência todo o processo e consegue medir seu desempenho.

Portanto, para alcançar suas metas e objetivos, é necessário se concentrar em muitas coisas e superar todos os obstáculos e intercorrências que possam surgir. Nesse sentido, ao transformar uma meta em SMART, você cria uma estrutura inteligente ao seu plano de ação e evita sair do trilho em caso de alguma adversidade.

Como construir na prática uma meta SMART?

6.2 EXEMPLIFICAÇÕES

Agora, com base no exemplo de Patrícia, vamos construir na prática uma meta utilizando a metodologia SMART. Conforme detalhamento a seguir:

a. Patrícia tem 27 anos, está em um momento profissional muito bom, está empenhada em melhorar sua colocação na empresa em que trabalha, na qual se sente muito bem. O grande objetivo de Patrícia em termos de carreira é alcançar a estabilidade financeira e autorrealização profissional. Para isso, entre muitas outras coisas, ela terá de conquistar um diploma de pós-graduação na área de Tecnologia da Informação no prazo de 12 meses.

b. Patrícia é graduada em Tecnologia da Informação e trabalha há cinco anos numa grande empresa, com filiais em diversas capitais do país e que está em processo de expansão, só este ano já inaugurou três filiais. Ela exerce uma função de supervisão, atribuição que foi confiada em função da competência e responsabilidade que vem demostrando na sua área de trabalho. Ela resolveu fazer uma pós-graduação na sua área de formação na mesma faculdade em que se formou, pensando em se preparar para possíveis oportunidades que surjam na empresa ou neste mercado notadamente em expansão.

c. Para que isso seja possível, já que o seu salário hoje não é suficiente para pagar o curso, ela terá que acrescentar ao saldo da sua reserva de investimento atual, mais R$ 3.000,00, para fazer com certa folga financeira o curso, minimizando possíveis imprevistos.

d. Explicando melhor, o curso completo, com duração de nove meses, custa à vista R$ 18.000,00, com os descontos. Ela tem 15.000,00 em reserva de investimento, precisará de mais R$ 3.000,00, assim ela terá o valor total do curso, R$ 18.000,00.

e. Considerando que ela hoje consegue reservar R$ 1.000,00 reais por mês do seu salário, com isso em três meses ela pretende ter o valor total do curso.

f. Considerando que o curso terá a duração de nove meses e que começa daqui há três meses, ela pretende alcançar essa meta em 12 meses.

A seguir será verificado se Patrícia atende aos requisitos do método SMART.

(S) Específico

Esta é a fase de determinar em que consiste a meta desejada:

- O quê? Determine a meta – no caso, a realização de pós-graduação em Tecnologia da Informação no prazo de 12 meses (item I, letra "a").

- Por quê? Diga por que essa é a melhor saída – por possíveis oportunidades na empresa em que ela trabalha e fora dela, da expansão do mercado que ela atua, do seu bom desempenho na empresa; da confiança atribuída a ela por parte da sua chefia; da melhoria salarial (item II, letra "b").

- Quem? A própria Patrícia acompanhada por um mentor que ela contratou.

- Onde? Em que instituição você vai realizar o curso – na mesma instituição em que se formou (item I, letra "a").

- Como? Identifique os requisitos e as necessidades para que você consiga cumprir o objetivo (orçamento, tempo, formação educacional prévia etc.) (item III a VI, letras "c a f").

Resposta: ok

(M) Mensurável

Aqui, geralmente são usados indicadores quantificáveis, como:

- Quanto custa o curso? R$ 18.000,00

- Qual a frequência semanal e duração do curso? Duas vezes por semana no período da noite, num total de 384 horas.

- Detalhar os custos adicionais além da mensalidade (computador, tablet etc.)? A faculdade possui laboratório de informática, não há custos adicionais à mensalidade.

Resposta: ok

(A) Alcançável

Nessa fase você vai especificar se a meta é alcançável:

- É algo realista e acessível? Observe se a realização desse objetivo condiz com a realidade ou não da Patrícia. Caso surja alguma dificuldade, determine o que fazer para tornar isso possível – os riscos de alguma interrupção do curso são mínimos, pois o pagamento será realizado à vista e o curso é noturno, não há conflito com o seu horário de trabalho da Patrícia, que é diurno. Mas para que não haja problemas em relação a um possível conflito de horário, no caso de ter que estender o seu horário de trabalho até a noite, possibilidade muito remota, Patrícia conversou com sua chefia, que a está apoiando, para que ela tenha as condições necessárias para realização do curso, que é de pleno interesse da sua empresa.

- O que preciso fazer para conquistar essa meta? Somar a sua reserva de investimento mais R$ 3.000,00, assim terá condições de quitar a vista o curso (item III a VI, letras "c a f").

Resposta: ok

(R) Realista

Observe o cenário e o que está sentindo no momento para acertar em sua decisão:

- Parece valer a pena? Sim, conforme consta nos itens I a VI.

- É o momento certo para investir nesse curso? Sim, tendo em vista as oportunidades citadas e a condição, disposição e disponibilidade da Patrícia (itens I a VI).

- Corresponde aos seus esforços e necessidades? Sim (itens I a VI).

- Ela tem condições físicas, psicológicas, financeiras etc. para pôr a meta em prática? Sim, está em um momento profissional muito bom, está empenhada em melhorar sua colocação na empresa em que trabalha, na qual se sente muito bem (item I).

Resposta: ok

(T) Temporal

Esta é a fase em que falamos de prazos. A meta não pode ficar solta, sem uma definição de tempo para ser realizada.

- Quando começarei o curso? 1/11/20XA.

- Em quanto tempo consigo concluí-lo? 12 meses.

- Como posso otimizar meu tempo para dar conta dos estudos? Na semana acordando mais cedo (2h por dia), no horário após o almoço (1h por dia), à noite nos dias que não tem aula (5h por dia), nos finais de semana, sábado (8h no dia) e domingo (3h no dia), totalizando por estimativa 41 horas por semana.

- Após quantas semanas da conclusão do curso recebo meu certificado? 1 mês.

Resposta: ok

6.3 EXERCÍCIOS PROPOSTOS

Agora que você conheceu esta ferramenta com exemplificações práticas de como elaborar um planejamento financeiro, recomendo que aproveite essa oportunidade e faça já o seu planejamento financeiro. Perceba que você está diante de um método que traz uma forma simples de ser executado, e que, como tudo na vida, se bem-feito, pode lhe trazer muitos benefícios, o primeiro deles é de ter dinheiro de sobra no final do mês para estruturar e fortalecer a sua condição financeira e assim poder viabilizar a concretização de seus desejados sonhos.

POTENCIALIZE SUA RENDA

Ter dinheiro guardado é fundamental em diversos momentos da vida, seja no caso de alguma emergência, ou para a realização de um propósito de melhoria de vida, por isso, é importante ter diferentes tipos de reserva financeira. Nesse sentido, a condição básica para conseguir fazer uma reserva é gastar menos do que ganha, e em função disso concentrar esforço para juntar dinheiro, o ideal é fazer disso um compromisso como se fosse um gasto fixo mensal.

7.1 CRIE RESERVAS E AS FAÇA CRESCER

Quem nunca atravessou situações na vida em que necessitou de recurso além do que dispunha no momento e por não ter de onde tirar teve que fazer um empréstimo? Se tivesse uma economia, é bem possível que não precisasse fazer um empréstimo e ter que pagar juros por vezes exorbitantes, compromisso a mais que reduziria sua capacidade de pagamento nos meses seguintes. Agora, melhor ainda quando esse recurso pode ser destinado a investir na sua melhoria de renda e, por consequência, na sua qualidade de vida, certo?

A necessidade de organizar as finanças e ter reservas de recursos não é de hoje, para ilustrar esse assunto quero trazer um exemplo bíblico que considero da mais alta relevância e bem apropriado. Trata-se do conselho dado por José ao Faraó, conforme consta na Bíblia (Gênesis 41): José interpreta os sonhos do Faraó, que apresento em resumo a seguir.

O Faraó se espantou com a capacidade de José, que deu uma interpretação exata de seus sonhos. José disse ao Faraó que o Egito passaria por um grande período de fome.

José aconselhou o Faraó a eleger um governador, alguém que pudesse coordenar e supervisionar a produção da terra, de forma que o Egito fizesse um grande estoque, para que não passassem fome no futuro.

Diante de conselhos tão importantes e de ver que o Senhor estava com José, o Faraó o colocou na posição de governador do Egito, o homem mais poderoso daquele lugar, abaixo apenas do próprio Faraó.

Nesse exemplo percebemos a importância de saber governar os recursos que estão sob a nossa responsabilidade, neste caso, administrar os nossos próprios recursos. Pensar de forma estratégica, fazer uma programação de investimento e de gastos, ter reservas não só para suprir os momentos em que a renda do mês não é suficiente para cobrir todos os gastos, mas também para investir na realização dos objetivos previstos e ter o controle e monitoramento do nosso orçamento.

Fazendo um paralelo com esse tópico (fazer reservas), no exemplo que foi dado a reserva é considerada a necessidade de ter um grande estoque de alimentos. Reserva de alimento que serviu para suprir um grande período de fome pelo qual o Egito passaria, se não fosse a gestão de José, que, dada a importância desse feito, se tornou governador do Egito.

Com base neste notável exemplo bíblico, vemos a importância de se ter reservas, que supram situações que necessitem de recursos de que não temos como dispor só com os nossos ganhos mensais.

Veja no quadro comparativo a seguir mais um exemplo da necessidade de ter reservas que assegurem o pagamento do que extrapola os gastos regulares mensais.

Imagem 2 – Explanação de caso, Raquel e Júnior

Fonte: o autor

Veja que nesse exemplo Raquel tinha uma reserva com saldo suficiente para cobrir os gastos extras ocorridos, já Júnior, que passou pela mesma situação de Raquel, como não tinha reserva, teve que se endividar.

> Outro exemplo que destaco a seguir é o do jovem Carlos. Nesse caso, está em jogo um fator importante e que precisa ser levado em conta ao realizar um gasto de grande impacto financeiro, que é o estágio atual e a condição da pessoa em relação às conquistas financeiras futuras. Carlos quer comprar um carro esportivo, modelo de alto padrão, com cinco anos de uso, que custa 85 mil reais.

- Ele pode pagar 55 mil reais, com o saldo total da reserva que juntou, e pretende dividir o restante em 72 prestações mensais, a taxa de 1,70% ao mês, assim ele deve pagar uma prestação mensal de R$ 725,56.

- Sua condição financeira é a seguinte, ele é um jovem de 23 anos, trabalha há quatro anos em uma empresa, recebe um salário de R$ 4.500,00, não tem outra renda.

- Com o esforço que ele faz para economizar, consegue juntar R$ 1.500,00 por mês em média, está iniciando a vida adulta, e esse será o seu primeiro patrimônio.

- A decisão da compra foi em função do sonho de ter um carro diferenciado com um padrão de destaque, vai ser seu primeiro carro.

Será que é uma boa esse negócio?

Considerando que:

- Vai precisar gastar todo o saldo da sua reserva, neste caso, e se tiver uma necessidade emergente de recursos, ou surja uma oportunidade de investimentos, não terá recurso de reserva.

- Terá que arcar com a prestação do carro por um período longo de 72 meses, ou seja, um período longo de 6 anos e até lá o carro estará com 11 anos de uso, condição que normalmente exigirá um custo maior de manutenção, ainda mais sendo um caro esportivo com muitos opcionais, e também terá despesas com seguro, além disso, é bem provável que este carro sofra uma significativa desvalorização ao ser vendido, em função do tempo de uso.

- Terá dificuldades para recompor sua reserva neste período, já que, conforme destacado, terá novos gastos com o carro, que não tem muito como precisar o valor.

- Por ser um jovem adulto, iniciando uma jornada profissional, será que nesse momento da vida dele não seria mais apropriado investir no seu desenvolvimento profissional e melhoria de renda? Fica aqui uma reflexão importante.

Vimos como é importante ter uma reserva como prevenção para gastos extras, que extrapolam a capacidade mensal de pagamento, ou seja, que ultrapassam os ganhos mensais em função de não fazerem parte da rotina mensal de gastos. Como vimos anteriormente, não há dúvidas quanto à importância de se ter reservas com essa finalidade, mas, na mesma medida de importância, sob outro aspecto, há outra função que a reserva supre que tem primordial relevância na vida de uma pessoa, a de garantir os recursos necessários para viabilizar a realização dos objetivos futuros.

E, nesse sentido, aproveito para ressaltar aqui que dentro desse propósito é importante priorizar os objetivos relacionados ao desenvolvimento profissional e a melhoria de renda, principalmente nos anos iniciais da vida adulta, pois, além do que isso representa em si sob diversos aspectos, saliento que ao focar neles há de modo geral grandes chances de alavancar progressivamente a renda. Destaco mais uma vez aqui o caso exemplar para minha família do meu pai, que iniciou a vida adulta com um salário-mínimo, aprendeu uma profissão, técnico em conserto de rádio e televisão, um curso difícil, um grande esforço para quem tinha saído recentemente da roça, e só tinha estudado até a 5.ª série do primeiro grau, montou um negócio próprio e deu a condição necessária de estudo para mim e minhas duas irmãs.

Até hoje eu fico muito admirado de como ele enfrentou esses desafios e deu conta de realizações tão importantes principalmente para mim e minhas irmãs, foram dois cursos de odontologia em faculdade particular, despesa de moradia em outra cidade, colégios particulares reconhecidos.

Com pouco dinheiro, é certo que suas opções são bastante reduzidas, mas o dinheiro juntado ao longo do tempo, investido em objetivos definidos de forma estratégica pode alavancar a sua condição financeira e possibilitar inúmeros benefícios para você e sua família, acredite nisso!

E como fazer essa reserva render e se multiplicar? Como se pode observar, as condições de investimento variam conforme uma série de fatores. Além disso, ainda é preciso observar o momento e o contexto vivido. Em momentos como o atual, com tantas incertezas econômicas pelo mundo, decorrentes principalmente da recuperação pós pandemia do coronavírus e de estarmos vivendo um momento de tensão decorrente de guerras, a exemplo, da guerra da Rússia com a Ucrânia, impactando severamente a produção em seus diversos setores e por consequência a disponibilidade de empregos, como fazer investimentos que possam trazer resultados positivos?

É isso que muitos profissionais do mercado financeiro estão buscando: ativos que tragam rentabilidade mesmo em um período de tantas incertezas no mundo todo. No ano de 2023, a tendência de um modo geral é de uma melhora lenta da produção com pequena redução da taxa de juros. E com a taxa de juros ainda alta, as pessoas preferem investir o seu dinheiro em algum ativo de renda fixa ao invés de investir na cadeia produtiva.

Em cenários de alta taxa de juros como investir?

Com um cenário de elevada inflação e, portanto, alta taxa de juros, o pequeno investidor, em especial, se volta para a renda fixa em busca de investimentos com rentabilidade garantida e elevada.

Mas o que é renda fixa? É a modalidade de aplicação com regras de remuneração definidas no momento da aplicação e com rendimentos previsíveis. É o melhor tipo de aplicação para quem busca estabilidade, segurança ou construir uma reserva financeira.

Chama-se renda fixa justamente porque possui uma rentabilidade com mais previsibilidade. Ela pode ser fixada em um percentual mensal ou seguir algum índice, como a taxa Selic, o IPCA, o CDI, ou outro.

Como funcionam os investimentos em Renda Fixa?

No momento da aplicação pode ser definida a taxa de rendimento e o prazo de vencimento e funcionam como se fosse um empréstimo do seu dinheiro para o emissor. Em troca, você recebe uma taxa de rentabilidade fixa, que é definida no momento da compra.

A quantia captada é utilizada para o financiamento de projetos, pagamento de dívidas ou desenvolvimento de áreas específicas, como o agronegócio e o setor imobiliário, por exemplo. Assim, ao investir em títulos de Renda Fixa você ganha dinheiro e ainda auxilia no crescimento de instituições e setores importantes para a economia.

O rendimento da renda fixa, apesar do nome, varia de acordo com o investimento escolhido. A principal referência nesta categoria de investimentos é o CDI (Certificado de Depósito Interbancário), que segue de perto a taxa básica de juros.

Existem diversos tipos de aplicações na renda fixa. Elas são caracterizadas por objetivos, risco, rentabilidade etc. Veja a seguir os investimentos mais populares e rentáveis da renda fixa.

- LCIs e LCAs

O que são as LCIs e LCAs?

A LCI (Letra de Crédito Imobiliário) é um investimento de renda fixa emitido por bancos que vem se tornado cada vez mais acessível. Os recursos captados por esse tipo de aplicação são direcionados a atividades do setor imobiliário.

Quem investe nessa modalidade consegue ter uma boa ideia de quanto o dinheiro vai render até o fim do prazo, pois as letras de crédito têm a data de vencimento, previamente estabelecida.

Há isenção de Imposto de Renda para o investimento, pelo fato de o setor imobiliário ser considerado estratégico. As letras de crédito são reguladas no país por regras estabelecidas pelo Conselho Monetário Nacional (CMN), órgão máximo do sistema financeiro do Brasil. Dentre as regulações determinadas pelo CMN, está o prazo mínimo de 90 dias para carência das aplicações.

Já a LCA (Letra de Crédito do Agronegócio) também é um título de renda fixa emitido pelos bancos. No caso da LCA, a captação é direcionada para financiar as atividades do setor do agronegócio. Assim como a LCI, a taxa de rentabilidade e a data de vencimento da LCA também são definidas no momento da compra.

Vantagens de investir em LCI e LCA

Rentabilidade: LCIs e LCAs costumam ter taxas de rentabilidade ligeiramente superiores ao CDI, podem ser ótimas alternativas de investimento.

Isenção de IR: as LCIs e LCAs não são tributadas e esta é uma grande vantagens desse tipo de investimento.

Segurança: as LCIs e LCAs são classificadas como investimentos de baixo risco e são tão seguras quanto a poupança, isso se justifica porque contam com a cobertura do Fundo Garantidor de Créditos (FGC) até o limite de R$ 250 mil por CPF ou CNPJ, por conjunto de depósitos e investimentos em cada instituição ou conglomerado financeiro, limitado ao teto de R$ 1 milhão, a cada período de quatro anos, para garantias pagas para cada CPF ou CNPJ.

- CDB

O CDB (Certificado de Depósito Bancário) também é um dos investimentos de renda fixa preferidos dos investidores. Isso se deve principalmente à rentabilidade e segurança.

O que é CDB?

O Certificado de Depósito Bancário (CDB) é um investimento de renda fixa emitido pelos bancos com o objetivo de captar recursos para financiar suas atividades, como projetos, e pagamento de dívidas.

NA TRILHA DO PROGRESSO FINANCEIRO

Qualquer investidor pode adquirir um CDB. E esse tipo de investimento também conta com a proteção do Fundo Garantidor de Créditos (FGC) com limite de R$250 mil por CPF ou CNPJ em cada instituição ou conglomerado financeiro, mas diferencia-se nesses aspecto, da LCA e LCI por ser limitado ao saldo existente.

Devido a essa proteção, o CDB é considerado um investimento de renda fixa com baixo risco, pois, caso o banco emissor não consiga honrar o pagamento, o FGC reembolsará o investidor até o limite estabelecido.

Como funciona o CDB?

Funciona como um empréstimo do seu dinheiro para uma instituição bancária e, em troca, você recebe uma taxa de rentabilidade que é definida no momento da compra. Assim, ao adquirir um CDB, você está emprestando dinheiro ao banco emissor por um determinado prazo e em contrapartida o banco paga juros sobre o valor investido.

O investidor recebe de volta o valor investido mais os juros acordados, ao final do prazo estabelecido. O investimento de renda fixa em CDB pode ser feito por intermédio de bancos ou corretoras de valores.

Há alternativas com aportes a partir de R$ 1 mil, mas também há operações que exigem no mínimo R$ 30 mil. Quanto maior o aporte inicial, maior será a rentabilidade desse ativo.

Investimentos de renda fixa costumam ter prazos de vencimento bem definidos. Os CDBs costumam ser emitidos para períodos entre 30 dias e 1.826 dias (5 anos). O prazo de vencimento pode variar conforme as condições de investimento e o porte do banco.

Vantagens e desvantagens de investir em CDB

- Vantagens

Rentabilidade:

Um diferencial em destaque do CDB é a sua rentabilidade, no qual é possível encontrar títulos que oferecem rendimentos acima de 100% do CDI.

Segurança:

O investimento em CDB tem a garantia do Fundo Garantidor de Créditos (FGC), assim, se o emissor falir, você não perde o valor aplicado.

Desvantagens:

Apesar de ser uma boa opção de ativo da renda fixa, investir em CDB também apresenta algumas desvantagens, como:

Tributação:

A rentabilidade de um CDB sofre um desconto do Imposto de Renda que pode variar entre 15% e 22,5% na data de vencimento do título. É preciso também evitar resgatar o seu CDB antes de 30 dias de operação, se isso acontecer sua rentabilidade também sofrerá os efeitos da incidência de IOF.

- TESOURO DIRETO

O Tesouro Direto é uma das formas mais recomendadas para fazer a reserva de emergência e ir além da já conhecida e tradicional caderneta de poupança. Mesmo sem contar com a proteção do FGC, o investimento conta com a segurança oferecida pelos títulos de dívida pública, que apresenta um risco muito baixo.

Importante salientar também que o Tesouro Direto não é restrito apenas a algumas instituições financeiras. Nesse sentido, os investidores se tornam aptos a aplicar por meio de diversos bancos e corretoras de valores.

Mas afinal de contas o que é o Tesouro Direto?

O Tesouro Direto é um título de renda fixa, ou seja, são investimentos que oferecem uma rentabilidade predefinida. Ele é um programa desenvolvido em 2002 pelo Tesouro Nacional, que é o órgão do Governo Federal responsável pela gestão da dívida pública, e a BM&FBovespa, atual B3.

O objetivo deste investimento é possibilitar que pessoas físicas se tornem aptas a comprar papéis do Governo Federal pela internet. De acordo com o relatório do Tesouro Nacional referente a maio de 2023, houve um total de 24.667.650 de investidores cadastrados até o final do mês de junho de 2023, o que representa aumento de 26,6% nos últimos doze meses.

Ele abrange desde os pequenos até os grandes investidores, na prática, qualquer pessoa tem condições de "emprestar" dinheiro para o governo por meio do investimento em um título do Tesouro Direto.

Outro aspecto interessante é a sua flexibilidade, pois ele possibilita aplicações levando em conta valores considerados bem baixos. Um exemplo disso é o fato de que ele permite aplicações a partir de R$ 30,00.

É seguro aplicar no Tesouro Direto?

O Tesouro Direto é avaliado como um investimento seguro e de baixo risco porque ele é emitido diretamente pelo Governo Federal, que é o órgão mais importante do país.

Tendo em vista ser emitido diretamente pelo Governo Federal, é possível afirmar que o Tesouro Direto oferece considerável segurança quando comparado com outros tipos de investimentos, mas é sempre bom lembrar que, apesar de ser considerado seguro, é bom ficar atento para alguns riscos que ele apresenta, ainda que sejam considerados ínfimos, destaco aqui as oscilações do mercado, bem como as taxas e tributos.

Diante do que foi tratado aqui, fica claro que é bem gratificante criar o hábito de ter reservas e fazer com que esse recurso que você juntou por vezes com tanto esforço e disciplina possa render de forma satisfatória e dessa forma tornar viável a realização de seus objetivos.

Mas tratando mais além nesse tema de investimentos, as oportunidades são muitas, por exemplo: renda variável, compra de bens para alugar ou revender, negócios *on-line*, participação nos lucros em negócios, entre outros. Mas nesse caso é importante ter ainda mais cautela. Nesse sentido, quero aproveitar para compartilhar algumas lições que percebi com base em experiências que tive principalmente nos últimos 35 anos, de coisas que fiz e deixei de fazer em relação a negócios, nem todas as experiências renderam bons resultados, mas me trouxeram importantes lições.

Primeiro, em relação a se observar e ter cuidados com quanto você possa estar influenciado pelas emoções na hora de fazer negócio. Exemplo:

- Você está ansioso e empolgado? Está achando que não pode perder o negócio de jeito nenhum, pois, como diz o ditado popular, "esse negócio é a última Coca-Cola do deserto", ou seja, acha que vai lucrar muito com ele e tem que fechar logo o negócio, mas será que está avaliando bem a sua viabilidade, os prós e contras?

- Você está desatento? Está se deixando levar pelo que está sendo dito pelo vendedor e nem avaliou direito o produto ou serviço objeto do negócio e nem leu direito as condições e regras do negócio, o contrato, e procurou tirar dúvidas existentes com a parte interessada ou com especialista no assunto, dependendo do caso?

Nesse sentido, veja a ilustração a seguir em que constam mais algumas dicas básicas importantes a respeito da viabilidade de investimento de um modo geral.

Imagem 3 – Cenário para investir

- ✓ Quanto tem para investir?
- ✓ Por quanto tempo pode deixar o dinheiro investido?
- ✓ Tem informações suficientes (Riscos, perspectivas futuras, custo x beneficio)?
- ✓ Busque opiniões e orientação de quem entende do assunto.

Fonte: o autor

Nesse contexto, quero reforçar aqui que que antes de fechar um negócio você deve ter atenção aos riscos para não ter surpresas desagradáveis, assim procure se cercar de informações que possam lhe trazer segurança. Este cuidado pode ser observado da seguinte forma: faça um rastreamento na internet, nas redes sociais como um todo, buscando entender o que for possível em relação ao objeto do negócio em questão, e depois, já com algum conhecimento a mais, você pode consultar pessoas com alguma experiência no assunto, se necessário busque a ajuda de um profissional especialista no assunto.

7.2 CRIE FONTES DIVERSAS DE RENDA

Outro aspecto em relação a investimentos importante está ligado diretamente à patrimônio. Nesse sentido, quero fazer alusão ao livro que considero uma referência nesse assunto, cuja leitura recomendo, que é *Pai Rico Pai Pobre*, de Robert Kiyosaki (2018), um *best-seller* com importantes orientações. Quero aqui destacar uma delas, que é a importância de direcionar seus rendimentos à geração de ativos, ou seja, quando for investir em patrimônio, dê preferência a investir suas reservas em aquisições de patrimônio que tragam retorno financeiro, ou seja, em bens ativos.

Mas alguém pode perguntar ainda, como assim? Veja o quadro a seguir.

Quadro 12 – Classificação bens ativos e passivos

Objeto da compra	Destinação	Passivo ou Ativo	Por quê?
Casa de moradia	Uso próprio	Passivo	Só gera despesa
Compra de casa de praia	Uso próprio	Passivo	Só gera despesa
	Aluguel	Ativo	Gera lucro
Compra de lancha	Uso próprio	Passivo	Só gera despesa
	Aluguel	Ativo	Gera lucro

Fonte: o autor

Explicando melhor, todo o bem que você adquire que lhe gera lucro é um Ativo. Esse conceito é bem importante para as tomadas de decisões em relação às finanças, principalmente no início da vida adulta, quando estamos com o nosso potencial físico e intelectual em condições mais produtivas. Esse é o melhor momento de empreender esforços no nosso desenvolvimento profissional e melhoria de renda, investir o que for possível, preciso e necessário na busca crescente da sustentação financeira, de forma a sempre calibrar e equilibrar as nossas necessidades pessoais e familiares em relação aos bens de que precisamos para o nosso uso (Bens Passivos) com os bens que adquirimos para investimento e melhoria de renda (Bens Ativos).

Enfim, foram tratadas aqui dicas importantes referentes a investimentos que tenho certeza serão bem úteis quando você estiver diante de uma tomada de decisão nesse sentido, que, se adequadamente utilizadas, podem lhe trazer mais segurança e um resultado melhor na hora em que você for investir e buscar uma aplicação que seja o mais rentável possível.

CRIE CONDIÇÕES FAVORÁVEIS À MELHORIA DAS SUAS FINANÇAS

Como vimos, os passos anteriores trataram de um processo de reestruturação financeira pessoal. Foram propostas medidas de melhoria, com vistas à busca do equilíbrio financeiro, em que foi estabelecida uma rota de mudança de uma situação de endividamento para uma condição financeira em que os ganhos sejam suficientes para cobrir os gastos, além de ser possível reservar uma parte dos recursos para fazer o dinheiro crescer, criando uma reserva para suprir gastos eventuais e inesperados, mas principalmente para viabilizar investimentos nos objetivos financeiros estabelecidos. E assim, ao longo da trajetória de vida chegar a uma condição financeira sustentável.

Agora, com suas contas mais organizadas, quero apresentar neste conteúdo o que considero que pode ser fundamental na melhoria de suas finanças e de seu bem-estar, que é a importância de criar as condições para que você trabalhe naquilo que lhe faz se sentir bem. Então, quero destacar na ilustração a seguir algumas dicas que considero importantes nesse sentido.

Imagem 4 – Dicas para aumentar e desenvolver o rendimento mensal

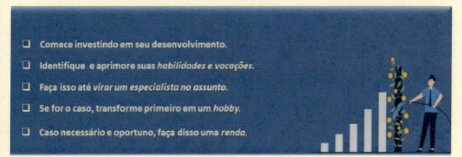

Fonte: o autor

8.1 CONHEÇA SUAS HABILIDADES E VOCAÇÕES

Então, você conhece suas habilidades e vocações? Se está em busca de uma colocação no mercado de trabalho, uma dica que dou é: procure desenvolvê-las. Escolher uma profissão não é nada fácil, mas é uma decisão das mais importantes a ser tomada e o ideal é que seja feita na juventude, mas, a depender principalmente de você, sempre é tempo de fazer essa escolha.

A jornada no mercado de trabalho é mais assertiva e produtiva quando se busca a qualificação profissional, especialmente quando esse esforço é decorrente da descoberta das habilidades e vocações. Nesse sentido, quero destacar aqui a importância do trabalho desenvolvido pelo norte-americano Howard Gardner, pesquisador e professor de Harvard, entre o final dos anos de 1970 e meados dos anos 1980, "A teoria das inteligências múltiplas", em que buscou entender se as aptidões intelectuais humanas seriam suficientes para avaliar uma pessoa.

De acordo com essa teoria fascinante, existem diferentes tipos de inteligências, que se manifestam de maneiras distintas em cada indivíduo. Gardner identificou inicialmente sete inteligências: linguística, lógico-matemática, espacial, musical, corporal-cenestésica, interpessoal e intrapessoal. Posteriormente, ele adicionou mais duas: inteligência naturalista e inteligência existencial.

Segundo este estudo, a inteligência humana se manifesta de diferentes formas, além do tradicional QI (quociente de inteligência). A avaliação era feita até então com base exclusivamente no QI, e dessa forma não era capaz de medir competências e habilidades reais, o que a tornava parcial e insuficiente.

Esta teoria propõe que a educação deve ir além de focar somente nas habilidades acadêmicas tradicionais, levando em consideração a diversidade e valorizando todas as formas de inteligência. Assim, cada um pode desenvolver seus talentos e potencialidades de acordo com suas preferências e capacidades individuais.

Podemos explorar essas inteligências por meio de atividades variadas, como aprender um novo idioma, tocar um instrumento, praticar esportes, desenvolver habilidades interpessoais e muito mais. A teoria das inteligências múltiplas nos lembra que a inteligência vai muito além do que está convencionalmente definido.

Cada pessoa possui uma combinação única dessas inteligências, o que explica por que algumas podem ser excelentes comunicadoras linguísticas, enquanto outras podem ser habilidosas em lidar com números ou em se expressar artisticamente. De acordo com Gardner, são raríssimos os casos em que uma pessoa possui diversas inteligências desenvolvidas. Podemos citar Leonardo da Vinci como um desses casos raros de genialidade. Ele foi um excelente pintor, botânico, matemático, anatomista e inventor. E, por outro lado, o psicólogo afirma que são raros também os casos em que uma pessoa não possui nenhuma inteligência.

Em resumo, a teoria das múltiplas inteligências nos ajuda a entender que a inteligência é muito mais complexa e variada do que simplesmente um número de QI. É um conceito poderoso que valoriza a diversidade e a singularidade de cada ser humano. Com base nesta concepção de múltiplas inteligências, um indivíduo é sempre inteligente e se somos todos inteligentes, não somos uns melhores do que outros, somos somente diferentes. Nesse sentido, pode-se concluir também que se um profissional sabe qual tipo de inteligência que possui mais aflorada, é bem provável que consiga se beneficiar disso em sua vida cotidiana, se as condições do meio em que vive (escola, família, condições de vida) forem adequadas e favoráveis ao desenvolvimento de suas habilidades e talentos.

8.2 QUE TIPO DE INTELIGÊNCIA PREDOMINA EM VOCÊ

Tipos de inteligência segundo a teoria das inteligências múltiplas

- Lógico-matemática

Pessoas que baseiam suas conclusões na razão têm o costume de expressar suas conclusões por meio de dados numéricos, de fórmulas, e têm habilidades em matemática e em raciocínio. Essas pessoas têm habilidade em detectar padrões, fazer cálculos e resolver problemas abstratos. O estilo de aprendizagem que mais se encaixa nesse perfil é aquele focado nos números e na lógica.

Quadro 13 – Estilo de aprendizagem lógico e racional

Características profissionais predominantes
Capacidade de pensar de forma lógica e de realizar projeções abstratas.
Facilidade de encontrar respostas por meio do uso de métodos científicos.
Capacidade de se expressar com uso de símbolos, relações, entre outras referências semelhantes.

Algumas profissões típicas
Matemático
Desenvolvedor de sistema
Engenheiro
Programador
Físico

Fonte: o autor

- Inteligência linguística

Está relacionada com as formas de um indivíduo se expressar, seja por meio da escrita, da linguagem ou de gestos. E dentro deste contexto, a capacidade de analisar e interpretar ideias e informações e produzir trabalhos. Pessoas com esta inteligência tem maior capacidade de utilizar as palavras ao se comunicarem. São ótimos oradores e comunicadores, além de possuírem grande capacidade de aprendizado de idiomas.

Quadro 14 – Estilo de aprendizagem inteligência linguística

Características profissionais predominantes
Ordenação, disposição e combinação das palavras.
Capacidade de reflexão pelo uso da palavra.
Contextualização do uso da linguagem.
Convencimento pelo uso da palavra.

Algumas profissões típicas
Professor
Filósofo
Advogado
Repórter
Escritor

Fonte: o autor

- Inteligência intrapessoal

Segundo Gardner, é o entendimento das próprias crenças, potencialidades e limitações. Pessoas com esta inteligência possuem a capacidade de se autoconhecerem, tomando atitudes capazes de melhorar a vida com base nesses conhecimentos.

Quadro 15 - Estilo de aprendizagem intrapessoal

Características profissionais predominantes
Busca por entender suas fraquezas e suas forças.
Facilidade em compreender e identificar suas próprias emoções.
Exercício da reflexão e autoavaliação de suas atitudes.
Facilidade em lidar com as emoções de forma equilibrada.

Algumas profissões típicas
Terapeutas holísticos
Filósofos

Fonte: o autor

- Inteligência interpessoal

Facilidade em estabelecer relacionamentos com outras pessoas. Indivíduos com esta inteligência têm o talento de desenvolver a empatia, a capacidade de compreender os outros, e assim mais facilidade de identificar a personalidade das outras pessoas. Costumam ser bons líderes e atuam com mais desenvoltura em trabalhos em equipe.

Quadro 16 - Estilo de aprendizagem interpessoal

Características profissionais predominantes
Capacidade de gerenciar conflitos.
Habilidade de interagir.
Facilidade em se motivar e motivar pessoas.
Preferência por trabalhar em equipe.

Algumas profissões típicas
Gerente de RH
Psicólogos
Terapeutas de práticas integrativas e complementares

Fonte: o autor

- Inteligência corporal – cinestésica

Pessoas que têm grande capacidade de utilizar o corpo para se expressar ou em atividades artísticas e esportivas. Um campeão de ginástica olímpica ou um dançarino famoso, com certeza, possuem esta inteligência bem desenvolvida. Permite também a expressão de ideias e sentimentos ao produzir um grande desenvolvimento na capacidade de utilizar as mãos, ou outras partes do corpo.

Quadro 17 – Estilo de aprendizagem cinestésica

Características profissionais predominantes
Domínio dos movimentos motores com agilidade.
Capacidade de usar os sentidos que proporcione os movimentos necessários ao exercício de suas habilidades.

Algumas profissões típicas
Dançarinos
Ginastas
Treinadores de artes marciais
Artesãos

Fonte: o autor

- Inteligência naturalista

Pessoas que possuem, em intensidade maior do que a maioria das outras, uma atração pelo mundo natural, extrema sensibilidade para identificar e entender a paisagem nativa e, até mesmo, um certo sentimento de êxtase diante do espetáculo não construído pelo homem. A exemplo dos povos tradicionais das florestas e das pessoas que vivem no campo, como é o caso dos mateiros e dos curadores, que conhecem e fazem o uso das plantas para curar doenças.

Esta inteligência é fundamental na preservação, no uso dos recursos naturais de forma sustentável e na descoberta de preciosos recursos utilizados na prevenção e na recuperação da saúde.

Quadro 18 – Estilo de aprendizagem naturalista

Características profissionais predominantes

Conhecimento da fauna e flora.
Capacidade de compreender os fenômenos da natureza.
Capacidade de fazer uso de recursos e técnicas em prol da recomposição e preservação do meio ambiente.
Capacidade de identificar e classificar plantas e animais.

Algumas profissões típicas

Astrônomos
Meteorologistas
Bioconstrutores
Permaculturistas

Fonte: o autor

- Inteligência espacial

De acordo com Gardner, a inteligência espacial se baseia na capacidade de perceber formas e objetos, está ligada à percepção visual e espacial, pessoas com esta inteligência têm habilidades em interpretar e reconhecer os fenômenos que envolvem movimentos e posicionamento de objetos. Têm condições de aprendizado mais relacionado a imagens, gravuras, formas e espaço tridimensional, com habilidade para navegação e mapas.

Também se manifestam em praticantes de esportes coletivos, como é o caso de jogadores habilidosos de futebol, pois conseguem facilmente observar, analisar e atuar com relação ao movimento da bola. Jovens com esta inteligência são capazes de transformar ou distinguir a transformação de um objeto em outro.

Quadro 19 – Estilo de aprendizagem espacial

Características profissionais predominantes
Capacidade de reconhecer e transformar um objeto em outro.
Facilidade de se localizar e se posicionar no ambiente (espaço).
Produção gráfica de informações espaciais.
Capacidade de pensar com base em imagens e fotografias.

Algumas profissões típicas
Arquitetos
Projetistas
Astrônomos
Atletas de esporte coletivo

Fonte: o autor

- Inteligência sonora ou musical

Segundo Gardner, este é o talento que surge mais cedo, é reconhecido pela facilidade de produzir, compreender, interpretar e identificar os diferentes tipos de som, reconhecendo padrões tonais e rítmicos, e por consequência a facilidade para compor e cantar músicas, habilidade para tocar instrumentos e expressar-se por intermédio da dança.

Quadro 20 – Estilo de aprendizagem sonora

Características profissionais predominantes
Capacidade de abstração musical durante a composição.
Sensibilidade e percepção de ritmos musicais.
Habilidade em compor e apreciar peças musicais.

Algumas profissões típicas
Maestros
Instrumentistas
Cantores

Fonte: o autor

Agora, na realidade, o que favorece a vida de uma pessoa poder identificar e trabalhar para potencializar sua inteligência no ambiente de trabalho? Vejamos a seguir alguns exemplos:

- A pessoa que se destaca nas inteligências lógica e espacial, ao utilizar bem o seu potencial, poderá se tornar alguém que trabalha com engenharias, cálculos e processos organizacionais, pois é capaz de perceber mais facilmente aspectos intrínsecos dessas operações.

- Por outro lado, quem possui desenvolvidas as inteligências linguística, corporal e musical, poderá potencializar sua carreira em algo relacionado às artes, música, teatro, TV e cinema.

Vejo que é memorável esse conhecimento trazido por Gardner a respeito da inteligência múltipla, entendo que é um conhecimento da mais alta relevância, do qual devemos nos apropriar o quanto antes, pois está diretamente relacionado com a nossa qualidade de vida, ao nosso bem viver. Se trabalharmos naquilo em que temos mais habilidade e talento, é bem mais provável que sejamos mais produtivos, tenhamos mais condição de nos sentir-mos satisfeitos e, por consequência, tenhamos benefícios significativos em todas as áreas de nossas vidas, concorda?

Conhecer quais inteligências você tem em primazia é um grande passo para a excelência que se efetiva ao poder aprimorar esse conhecimento e colocá-lo em prática na escolha de sua profissão e na vida de um modo geral.

Lembro aqui da frase "Conhece-te a ti mesmo", atribuída ao filósofo grego Sócrates, que nos revelava a importância de entendermos quem somos para assim podermos seguir nossa jornada com maestria. Agora que você conheceu essa teoria de Gardner, quero lhe propor que faça um autoestudo buscando identificar, dentro das características apresentadas para cada um dos nove tipos de inteligência da teoria de Gardner, qual ou quais mais têm a ver com você.

8.3 UMA ESCOLHA MUITO IMPORTANTE: A SUA PROFISSÃO

Esta é uma escolha que deve ir muito além do simples fato de ganhar dinheiro. Ter uma profissão é fundamental para o nosso desenvolvimento pessoal, social e econômico. Aqui estão algumas razões pelas quais é importante ter uma profissão:

I. Realização pessoal: ter uma profissão que nos traga satisfação pessoal é fundamental para nos sentirmos realizados. Por meio do nosso trabalho, podemos expressar nossas habilidades, talentos e paixões, o que nos dá um senso de propósito e significado na vida.

II. Independência financeira: ter uma profissão nos permite nos sustentar financeiramente e buscar nosso próprio bem-estar econômico. Isso nos dá a oportunidade de ser independentes, tomar decisões sobre nossas finanças e buscar nossos objetivos financeiros.

III. Contribuição para a sociedade: nossas profissões nos permitem contribuir para a sociedade de diversas formas. Seja como médico, professor, engenheiro, artista ou qualquer outra profissão, podemos usar nossos conhecimentos e habilidades para fazer a diferença na vida das pessoas ao nosso redor;

IV. Desenvolvimento e crescimento: por meio da nossa profissão, continuamos aprendendo e nos desenvolvendo constantemente. A cada desafio que enfrentamos, adquirimos novas habilidades, conhecimentos e experiências, o que nos permite crescer tanto profissionalmente quanto pessoalmente.

V. Estabilidade e segurança: ter uma profissão nos oferece certa estabilidade e segurança em nossas vidas. Isso inclui benefícios como seguro de saúde, plano de aposentadoria, estabilidade no emprego e garantia de renda regular.

Contudo, em que pese infelizmente nem todas as pessoas terem as mesmas oportunidades ou acesso a uma educação de qualidade para obter uma profissão, de um modo geral ter uma profissão desempenha um papel de fundamental importância em nossa vida individual e coletiva, concorda?

Diante dessa reflexão, qual é o seu estado profissional atual?

( ) Não está trabalhando atualmente e não definiu sua profissão?

( ) Já trabalha, mas não está satisfeito com o que faz?

( ) Está prestes a se aposentar e quer ter um hobby, um trabalho que faça com mais satisfação?

Independentemente de qual seja o seu estado atual em relação a sua profissão, identifique e se imagine na condição profissional em que você deseja estar, e assim construa um passo a passo de como sair do seu no momento atual em busca da condição profissional desejada no futuro. Com o propósito de proporcionar a você uma visão geral que lhe facilite a decisão em relação a esse passo importante na sua vida, apresento a seguir algumas dicas na forma de roteiro, que lhe darão condições básicas para você fazer o seu estudo em relação a este assunto.

a. Primeiramente, faça uma busca na internet e pesquise as profissões atuais que estão mais em atividade. Recomendo consultar o guia Profissões 2010 – Guia para ajudar jovens estudantes na escolha da carreira, lançado pelo Centro de Integração Empresa-Escola (CIEE)[2].

b. Para examinar e definir melhor qual ou quais as profissões estão mais de acordo com o seu perfil, com base na teoria das inteligências múltiplas, pré-selecione as que tem mais a ver com você.

c. Para facilitar e aprofundar a sua análise, apresento na sequência um formulário com alguns quesitos importantes que poderão melhorar sua condição de escolha, preencha um formulário para cada profissão pré-selecionada e faça as suas escolhas.

---

[2] Disponível no endereço eletrônico: http://3qc.iqm.unicamp.br/anexos/CIEE.pdf

Profissão: ....

Onde é exercida esta profissão?	
Quais atividades são exercidas?	
Qual a rotina de trabalho?	
Quais os ganhos desta atividade? (financeiros e outros relacionados à qualidade de vida)	
Identifique pontos desfavoráveis a esta escolha.	

Agora, identifique pontos favoráveis.	
Atribua uma nota de 1 a 5, caso esta profissão lhe desperte o interesse.	

8.4 POTENCIALIZE SUA HORA DE TRABALHO

Os benefícios financeiros que você poderá ter ao se tornar um especialista no que faz são de fato significativos. Quando você se dedica a aperfeiçoar suas habilidades, sua reputação cresce, e com isso crescem também as oportunidades financeiras.

Quando você se torna um especialista, as pessoas percebem o valor disso. Elas reconhecem que você é alguém que entrega resultados consistentes e de qualidade, com isso estão mais dispostas a investir em seus serviços.

Além disso, a escassez de especialistas no mercado também joga a seu favor. Se você está entre os melhores no que faz, as pessoas estão dispostas a pagar mais por isso. Você se torna uma referência, uma figura de destaque em seu campo, e as portas se abrem para negócios lucrativos.

Para algumas profissões, as carreiras são estratificadas em três níveis, conforme destacado a seguir:

- Júnior: profissional que ainda é novo no cargo ou ainda está desenvolvendo habilidades relevantes para o trabalho.

- Pleno: profissional com a experiência necessária e que demonstra a maioria das habilidades relevantes para o trabalho.

- Sênior: profissional com mais experiência do que a média e que possui todas as habilidades relevantes para o trabalho, além de especializações e certificações.

Com base em reportagem do portal de notícias *G1*, veja a seguir exemplo do setor de Tecnologia de Informação, a amplitude dos salários, de acordo com a experiência e especialização na área (ALCÂNTARA, 2022).

Desenvolvimento de software (Mobile) - Programador especializado em ferramentas e linguagens de programação voltadas para criar aplicativos. Faixa salarial: de R$ 5.500 a R$ 7.950 para profissional de nível júnior; de R$ 7.650 a R$ 12.850 para nível pleno; e de R$ 11.500 a R$ 19.350 para nível sênior.

Desenvolvimento de software (Analista de testes) - Como o nome diz, é o responsável por testar os programas desenvolvidos e reportar quando existem bugs, nome popular dos erros presentes nos códigos de computador. Faixa salarial: de R$ 4.550 a R$ 7.350 para profissional de nível júnior; de R$ 6.150 a R$ 10.300 para nível pleno; e de R$ 8.300 a R$ 13.950 para nível sênior.

Analista de sistemas - Enquanto um desenvolvedor tem uma proximidade mais direta com o código ou a programação em si, o analista de sistemas pode exercer essa função, mas vai além dela. Este profissional é responsável por entender e planejar como vai funcionar o hardware (componentes físicos do computador), software (os programas desenvolvidos) e como o usuário faz uso deles. Faixa salarial: de R$ 5.100 a R$ 8.100 para profissional de nível júnior; de R$ 6.900 a R$ 11.550 para nível pleno; e de R$ 10.000 a R$ 16.750 para nível sênior.

Analista de BI - É o profissional que atua na área de inteligência de negócios em uma companhia. Isso significa criar formas de otimizar processos de uma companhia por meio de dados. Além disso, é o profissional que busca formas da sua empresa obter vantagens competitivas ao estudar o mercado. Faixa salarial: de R$ 5.600 a R$ 9.000 para profissional de nível júnior; de R$ 7.650 a R$ 12.850 para nível pleno; e de R$ 10.000 a R$ 16.750 para nível sênior.

Analista de segurança - É o profissional que administra o ambiente de tecnologia das empresas (sejam redes de computadores, nuvem ou outros). Além de tentar prevenir invasões e vazamentos, trabalha para corrigir esses problemas quando eles acontecem. Faixa salarial: de R$ 5.350 a R$ 9.000 para profissional de nível júnior; de R$ 6.900 a R$ 11.550 para nível pleno; e de R$ 9.950 a R$ 16.750 para nível sênior.

Veja que ao se tornar um especialista, você também se torna uma fonte de inspiração para os outros. Você pode compartilhar seu conhecimento, motivar outros a alcançar seus objetivos e construir um legado duradouro.

Portanto, meu caro, não se trata apenas de lucro financeiro, mas também de um enriquecimento pessoal e um impacto positivo que você pode ter na vida das pessoas ao seu redor. Busque se destacar em tudo que faz! Lembre-se sempre de manter o foco na prática da sua melhoria progressiva de vida.

OPORTUNIDADES GRATUITAS DE PROGRESSÃO PROFISSIONAL

Se você tem o interesse de se aprimorar profissionalmente, existem no Brasil instituições de ensino técnico de qualidade que oferecem frequentemente cursos gratuitos. Os Institutos Federais de Educação, Ciência e Tecnologia (IFs) e o Sistema "S" são as que mais se destacam nesse sentido.

Os IFs são instituições de educação básica, profissional e superior públicas federais brasileiras, compõem a Rede Federal de Educação Profissional, Científica e Tecnológica e estão distribuídos em aproximadamente 700 campus em diversos municípios do Brasil.

O Sistema "S" é um termo que define o conjunto de 9 entidades corporativas voltadas para o treinamento profissional, assistência social, consultoria, pesquisa e assistência técnica que, além de terem seu nome iniciado com a letra S, têm raízes comuns e características organizacionais similares. Entre essas entidades destaco o : Serviço Nacional de Aprendizagem Industrial (Senai); Serviço Social do Comércio (Sesc); Serviço Social da Indústria (Sesi); e Serviço Nacional de Aprendizagem do Comércio (Senac).

Quadro 21 – Detalhamento de instituições

Instituições	Abrangência	Características/acesso
Instituto Federal de Educação, Ciência e Tecnologia	Aproximadamente 700 unidades distribuídas entre as 27 unidades federadas do país.	Periodicamente são feitas divulgações por meio de Editais e as vagas são ofertadas por sorteio, priorizando famílias de baixa renda.
Senai[2] – Serviço Nacional de Aprendizado Industrial	583 unidades fixas e outras 487 unidades móveis.	Periodicamente são feitas divulgações por meio de Editais e as vagas são ofertadas prioritariamente a jovens encaminhados por empresas do setor industrial.
Senac[3] – Serviço Nacional de Aprendizagem Comercial	Aproximadamente 600 unidades escolares, empresas pedagógicas e unidades móveis.	O Programa Senac de Gratuidade (PSG) amplia o acesso de quem tem renda familiar mensal de até dois salários-mínimos por pessoa à educação profissional de qualidade.
SESI[4] – Serviço Social da Indústria	Aproximadamente 450 unidades.	Atende prioritariamente trabalhadores da indústria e seus familiares e a comunidade de baixa renda, na promoção da educação.

Fonte: portal.mec.gov.br[1]; www.senac.br[2]; www.senacsenai.com[3]; www.sesiescola.com.br4

NA TRILHA DO PROGRESSO FINANCEIRO

Acompanhe a divulgação das vagas por buscas na internet e/ou diretamente junto ao estabelecimento mais próximo de você e aproveite a oportunidade de se aperfeiçoar profissionalmente de forma gratuita.

MANTENHA O FOCO NA MELHORIA PROGRESSIVA DE VIDA

Ao seguir esse passo a passo, você terá condições de colocar suas finanças no rumo certo, lembre-se das recompensas que você pode ter, a mais imediata e a de ter a tranquilidade de saber que as contas estão em dia, isso tem o seu valor, certo?

Não baixe a guarda e mantenha o foco.

Colocar as finanças no trilho do progresso requer no mínimo propósito, esforço, determinação e comprometimento. Mantenha o foco em ter suas finanças equilibradas, dentro do propósito de fazer com que sejam sustentáveis ao longo das diversas fases da sua vida, especialmente quando estiver idoso.

Espero de verdade que tenha gostado deste livro e que você busque tê-lo como fonte de consulta imediata para a melhoria da sua condição financeira e para poder realizar os seus sonhos que lhe tragam mais saúde, paz de espírito, alegrias, prosperidade e um coração cheio de amor. Tenha a certeza de que isso não tem preço, vale todo esforço e empenho, afinal de contas, o que pudermos fazer de bom e de bem para nós mesmos devemos fazer, não estamos aqui à toa, concorda?

Minha gratidão a você que dedicou o seu precioso tempo à leitura deste livro, espero mais uma vez que tenha gostado dele de verdade, desejo a você prosperidade ao longo da sua vida e que a felicidade verdadeira esteja presente nela, um forte e caloroso abraço.

Cordialmente,

Márcio A. Santiago

REFERÊNCIAS

ALBUQUERQUE, Jamil. *A lei do Triunfo para o século 21*. Ribeirão Preto: Napoleon Hill, 2009.

ALCÂNTARA, Tiago. Salários em TI: veja quanto paga cada carreira na área, segundo consultoria. *G1*, 7 maio 2022. Disponível em: https://g1.globo.com/tecnologia/noticia/2022/05/07/salarios-em-ti-veja-quanto-paga-cada-carreira-na-area-segundo-consultoria.ghtml. Acesso em: 22 set. 2023.

AULET, Bill. *Empreendedorismo disciplinado*. Rio de Janeiro: Alta Books, 2018.

CERBASI, Gustavo. *A riqueza da vida simples*. Rio de Janeiro: Sextante, 2019.

CERBASI, Gustavo. *Como organizar sua vida financeira*. Rio de Janeiro: Sextante, 2015.

COVEY, Stephen R. *Os 7 hábitos das pessoas altamente eficazes*. Rio de Janeiro: BestSeller, 2015.

DO LUXO ao lixo: conheça ganhadores da loteria que perderam tudo. *Portal Terra*, 7 dez. 2010. Disponível em: https://www.terra.com.br/noticias/mundo/do-luxo-ao-lixo-conheca-ganhadores-da-loteria-que-perderam-tudo,-5c184af60c6ea310VgnCLD200000bbcceb0aRCRD.html. Acesso em: 22 set. 2023.

EKER, T. Harv. *Os segredos da mente milionária*. Rio de Janeiro: Sextante, 2006.

ELROD, Hal. *O milagre da manhã*. Rio de Janeiro: BestSeller, 2016.

GARDNER, Howard. *Estruturas da mente*: a teoria das inteligências múltiplas. Porto Alegre: Penso, 1995.

HILL, Napoleon. *A lei do triunfo.* Curitiba: Fundamento, 2018.

HILL, Napoleon. *Quem pensa enriquece.* Curitiba: Fundamento, 2018.

KIYOSAKI, Robert Toru. *Pai Rico Pai Pobre.* Rio de Janeiro: Alta Books, 2018.

MICHAELIS, Henriette; MICHAELIS, Carolina. *Dicionário Michaelis.* São Paulo: Melhoramentos, 2009.

MURPHY, Joseph. *O poder do subconsciente.* Rio de Janeiro: BestSeller, 2019.

VIEIRA, Paulo; SILVA, Deibson. *Decifre seu talento.* São Paulo: Gente, 2019.

ANEXOS

ANEXO A - Planilha de movimentação financeira em bancos

Data	Descrição dos registros	Recebeu	Gastou	Saldo
Total				

ANEXO B - Planilha de movimentação financeira em caixa

Data	Descrição dos registros	Recebeu	Gastou	Saldo
	Saldo inicial do mês			
	Saldo Final			

NA TRILHA DO PROGRESSO FINANCEIRO

ANEXO C - Planilha de movimentação financeira no cartão de crédito

Data	Descrição dos registros	Gastou	Saldo
	Saldo Final		

ANEXO D - Fechamento da movimentação do mês

Data	Descrição dos registros	Recebeu	Gastou	Saldo
	Saldo inicial do mês			
	Saldo da movimentação de bancos			
	Saldo da movimentação de caixa			
	Saldo da movimentação do cartão de crédito			
	Saldo total final do mês			

ANEXO E – Planilha de programação de gastos no trimestre

Detalhamento	1º mês	2º mês	3º mês
1. GANHOS			
1.1 Salários			
1.2 Ganhos extras			
2. NECESSIDADES PRINCIPAIS			
2.1 Moradia e gastos básicos			
2.1.1 Alimentação			
2.1.2 Aluguel, condomínio e IPTU			
2.1.3 Telefone, internet e TV a cabo			

NA TRILHA DO PROGRESSO FINANCEIRO

2.1.4 Limpeza e conservação de casa			
2.2 Transporte			
2.2.1 Combustível			
2.2.2 Ônibus, metrô, Uber, táxi			
2.2.3 Parcela de financiamento de carro			
2.2.4 Seguro, IPVA e licenciamento			
2.2.5 Multas			
2.3 Educação			
2.3.1 Escola/cursos			
2.4 Saúde			
2.4.1 Gastos médicos			
2.4.2 Plano de saúde			
2.4.3 Remédios			
2.5 Empréstimo			
2.5.1 Débito pendente no cartão			
2.5.2 Empréstimo pessoal			
2.6 Doações			
3. SUPÉRFLUOS			
3.1 Roupas			
3.1.1 Adulto			
3.1.2 Crianças			
3.2 Lazer			
3.2.1 Viagens			

3.2.2 Restaurantes, lanchonetes			
3.2.3 Cinema, teatro, casas noturnas			
3.2.4 Livros, revistas e coleções			
4 INVESTIMENTOS			
5. SALDO FINAL DA CONTA			

ANEXO F – Planilha de execução financeira

Mês:........................./Ano............

Detalhamento	Previsto	Realizado	% de realização
1. GANHOS			
1.1 Salários			
1.2 Ganhos extras			
2. NECESSIDADES PRINCIPAIS			
2.1 Moradia e gastos básicos			
2.1.1 Alimentação			
2.1.2 Aluguel, condomínio e IPTU			
2.1.3 Telefone, internet e TV a cabo			
2.1.4 Limpeza e conservação de casa			
2.2 Transporte			

NA TRILHA DO PROGRESSO FINANCEIRO

2.2.1 Combustível		
2.2.2 Ônibus, metrô, Uber, táxi		
2.2.3 Parcela de financiamento de carro		
2.2.4 Seguro, IPVA e licenciamento		
2.2.5 Multas		
2.3 Educação		
2.3.1 Escola/cursos		
2.4 Saúde		
2.4.1 Gastos médicos		
2.4.2 Plano de saúde		
2.4.3 Remédios		
2.5 Empréstimo		
2.5.1 Débito pendente no cartão		
2.5.2 Empréstimo pessoal		
2.6 Doações		
3. SUPÉRFLUOS		
3.1 Roupas		
3.1.1 Adulto		
3.1.2 Crianças		
3.2 Lazer		
3.2.1 Viagens		
3.2.2 Restaurantes, lanchonetes		

3.2.3 Cinema, teatro, casas noturnas			
3.2.4 Livros, revistas e coleções			
4 INVESTIMENTOS			
5. SALDO FINAL DA CONTA			